Mein Selbstversorger-Garten Monat für Monat

Pflanzen | Ernten | Genießen

WAGNER | WENDLAND
LIEBREICH

blv

Was Sie in diesem Buch finden

Einführung   6

Januar   11
Gartenplanung   12
Jetzt aussäen   16
Jetzt pflegen   17
Auswahl der passenden Sorten   18
Jetzt genießen   19
Jetzt kreativ werden   20

Februar   23
Jetzt aussäen und pflanzen   24
Jetzt pflegen   25
Schutz vor Kälte und Frost   26
Bodenverbesserung und PH-Wert   27
Winter-Schnitt von Obstgehölzen   28
Jetzt genießen   31

März   33
Jetzt aussäen   34
Jetzt pflanzen   36
Jetzt pflegen   37
Kompost   38
Jetzt genießen   39
Herberge für Nützlinge: Ein Insektenhotel   40
Jetzt kreativ werden   42

April   45
Jetzt aussäen   46
Vegetative Vermehrung   47
Jetzt pflanzen   48
Gemüse in Töpfen   49
Mit Kindern gärtnern   50
Jetzt pflegen   51
Jetzt ernten   54
Jetzt genießen   55
Jetzt kreativ werden   56

Mai   59
Jetzt aussäen   60
Jetzt pflanzen   62
Das kleine Einmaleins des Gießens   64
Jetzt pflegen   66
Jetzt ernten   68
Jetzt genießen   69
Jetzt kreativ werden   70

Juni   73
Jetzt aussäen   74
Jetzt pflanzen   75
Jetzt pflegen   76
Kohlgewächse   78
Der Obstgarten im Sommer   79

Jetzt ernten   80
    So laden Sie Bienen in Ihren Garten ein   81
Jetzt genießen   82
Jetzt kreativ werden   83

Juli   85

Jetzt aussäen   86
Jetzt pflanzen   87
Jetzt pflegen   88
Jetzt ernten   89
    Essbare Blüten   90
Jetzt genießen   91
Jetzt kreativ werden   92

August   95

Jetzt aussäen   96
Jetzt pflegen   97
Jetzt ernten   98
Jetzt genießen   99
Jetzt kreativ werden   100

September   103

Jetzt aussäen   104
Jetzt pflanzen   104
    Sammeln Sie Samen von Ihren Pflanzen   105
Jetzt pflegen   106
Jetzt ernten   107
    Obst und Gemüse lagern   108
Jetzt genießen   109

Oktober   111

Jetzt pflanzen   112
Jetzt pflegen   113
    Wir pflanzen einen Obstbaum   114
Jetzt ernten   116
Jetzt genießen   117

November   119

Jetzt pflegen   120
Jetzt ernten   121
    Gartengeräte pflegen   122
Jetzt genießen   123
Jetzt kreativ werden   124

Dezember   127

Jetzt ernten   128
Jetzt genießen   129
Jetzt kreativ werden   130
Haltbarkeit von Sämereien   131

Anhang   132

Aussaatkalender   132
Kulturzeiten   136
Wie viele Pflanzen braucht man?   136
Einfach oder anspruchsvoll?   137
Mischkultur   138
Adressen, die Ihnen weiterhelfen   139
Stichwortverzeichnis   140
Über die Autorinnen   143

Einführung

Pflanzen, ernten, genießen – der Kalender für Selbstversorger

Moden kommen und gehen – und oft hinterlassen sie nicht einmal Spuren. Das gilt glücklicherweise nicht für einen großen Garten-Trend der vergangenen Jahre: den Eigenanbau von Gemüse und Obst. Egal, ob man sein eigenes kleines Stück Land bebaut oder sich in einem der neuen Gemeinschaftsgärten engagiert – Gärtnern ist so beliebt wie lange nicht. Vorbei die Zeiten, als der Besitz eines Kleingartens – gerade bei jüngeren Leuten – als Inbegriff des Spießertums galt.

In einer Zeit, die immer mehr Anforderungen an den Einzelnen stellt und in der der Lebensraum zunehmend naturferner wird, können wir uns mit unserem Garten eine kleine Oase der Erholung schaffen. Die eigene kleine Welt zu gestalten, zu graben, sich zu verausgaben und schmutzig zu machen, und sich dabei auch noch mit frischem Obst und Gemüse zu versorgen, ist großartig für Körper und Seele. Gerade auch für Kinder ist es von unschätzbarem Wert, zu erleben, wie Pflanzen wachsen, wie die Natur funktioniert, Tiere zu beobachten – und dann das selbst gezogene Gemüse zu ernten und zu essen.

Der Chiswick House Kitchen Garden wurde als Gemeinschaftsgarten in West-London gegründet.

Was ist ein Selbstversorger-Garten?

Selbstversorger-Garten – das klingt zunächst nach Gemüseplantage und einem Sommer voller Gemüse-konservierung, also viel Arbeit. Wir finden jedoch, dass sich dieser Begriff auch im Kleinen anwenden lässt. Wenn Sie also in Ihrem Hinterhof ein paar Kübel mit Tomaten aufstellen, die Sie nie in einem Laden kaufen könnten, ist das auch eine Art der Selbstversorgung. Gleiches gilt für jemanden, der sich das Jahr über mit verschiedenen Pflücksalaten aus Blumenkästen versorgt. Mit anderen Worten: Dieses Buch ist für alle, die ihr eigenes Gemüse und Obst ziehen wollen, egal wie viel Platz zur Verfügung steht. Haben Sie Zeit und Raum für die oben erwähnte Plantage – umso besser!

Wir glauben, dass jeder an der Freude am Gärtnern teilhaben kann – an der Freude daran, Dinge zu ernten, die für ihn etwas Besonderes sind. Unabhängig davon, ob das Resultat essbar ist, in größeren oder in kleineren Mengen geerntet wird, oder einfach nur schön aussieht.

Es ist ungemein befriedigend, ganz frisch geerntetes Gemüse noch im Garten zu essen oder gleich damit zu kochen. Oder staunend vor einem Riesenkürbis zu ste-hen, für dessen Gedeihen lediglich ein Samenkorn, Kom-post und Wasser nötig waren. Besonders lohnend ist es, Gemüse zu ziehen, das nicht überall erhältlich ist, wie z. B. rotes Basilikum, ausgefallene Gurken-Sorten oder Kräuter, die man im Urlaub in fernen Ländern kennengelernt hat.

Etwas Einsatz belohnt Sie bald mit vielen Körben voll gesundem Obst und Gemüse aus dem eigenen Garten.

In traditionellen Küchengärten wurden neben Gemüse stets auch Blumen gepflanzt. Die Blüten erfreuen uns nicht nur mit ihrer Schönheit, sondern locken auch nützliche Insekten an.

Fangen Sie klein an

Sie müssen nicht gleich mit einem Gemüsegarten von mehreren Hundert Quadratmetern beginnen. Es ist besser, sich nach und nach »heranzutasten«, statt nach ein oder zwei anstrengenden Jahren erschöpft aufzugeben. Graben Sie zunächst nur eine kleine Ecke im Garten um oder besorgen Sie sich ein paar große Kübel. Säen Sie den Inhalt von ein paar Samentüten aus: Schon bald können Sie sich auf die erste Ernte freuen. Auch wenn diese erst nur aus einer Handvoll Tomaten, Bohnen, Pflücksalat und einigen Kräutern besteht, ist das Ergebnis Ihr ganz persönlicher Erfolg.

Und dann machen Sie einfach weiter, das Gartenfieber packt Sie bestimmt! Erweitern Sie Ihre Beete peu à peu, bauen Sie mehr Gemüse und neue Sorten an, pflanzen Sie Blumen dazwischen, und: Experimentieren Sie!

Ihre Ernten werden vielleicht nicht so perfekt aussehen wie aus dem Supermarkt, und gelegentlich wird es auch Misserfolge geben, aber das Gemüse wird intensiver schmecken, das Obst süßer und die Kräuter würziger – schon deshalb, weil Sie sie selbst gezogen haben.

Was bietet Ihnen dieses Buch?

Dieses Buch ist ein Garten-Kalender, der schnell und übersichtlich Auskunft darüber gibt, was zu welchem Zeitpunkt im Garten erledigt werden kann, damit Sie immer auf dem Laufenden sind. Darüber hinaus geben wir Ihnen Anregungen, was Sie mit Ihren Garten-Produkten nach der Ernte tun können – kulinarisch oder kreativ.

Alle unsere Tipps basieren auf den Biogarten-Prinzipien: In Gärten, in denen auch Kinder spielen und Haustiere unterwegs sind, möchten wir weder Gifte anwenden noch möchten wir sie mitessen. Dazu gehört auch, dass wir so viel wie möglich dafür tun, das natürliche Gleichgewicht mit einer Vielfalt an Pflanzen und Tieren im eigenen Garten zu fördern.

Und noch ein Rat zum Schluss

Hier noch unser wichtigster Tipp, der besonders für »Garten-Neulinge« gilt: Lassen Sie sich von der Fülle an Informationen und Ratschlägen die es zum Thema »Gärtnern« gibt, nicht einschüchtern. Was kann schon passieren? Abgesehen davon, dass man zu seinen Tomaten oder Kürbissen während eines Sommers ein erstaunlich emotionales Verhältnis entwickeln kann – nüchtern betrachtet belaufen sich eventuelle Verluste auf ein paar Euro, die Sie für Samen ausgegeben haben. Starten Sie im folgenden Jahr einfach einen neuen Versuch – und aus vorangegangenen Missgeschicken lassen sich immer Rückschlüsse ziehen, wie man es in der nächsten Saison besser machen könnte.

Also: gehen Sie raus und fangen Sie an! Wir wünschen Ihnen viel Spaß dabei.

Lieblingsfrüchte vieler Kinder: Erdbeeren.
Am besten schmecken sie frisch vom Beet genascht.

Januar

Ein Monat, den man nicht automatisch mit Gartenarbeit verbindet – trotzdem gibt es für diejenigen, die den Frühling nicht mehr erwarten können, einiges zu tun. Beginnen Sie damit, das kommende Gartenjahr zu planen.

Frühstart in das Gartenjahr

Der Januar ist üblicherweise der kälteste Monat des Jahres. Er kann hell und strahlend mit viel Schnee und Sonnenschein sein, aber auch grau und dunkel. Machen Sie es sich gemütlich, während der Regen an die Fensterscheiben prasselt oder ein Schneesturm ums Haus weht. Stöbern Sie in den neuen verheißungsvollen Garten-Katalogen und erstellen Sie einen Gartenplan für das neue Jahr.

Sollten Sie glücklicher Besitzer eines frostfreien Gewächshauses sein, können Sie gleich mit der Praxis loslegen und ab Ende Januar im Haus die ersten Pflänzchen aussäen, die bereits einige Wochen später ins Gewächshaus umziehen können. Einige Gemüse keimen schon bei so niedrigen Temperaturen, dass sie auch gleich ins Gewächshaus gesät werden können. Idealerweise beheizt man das Gewächshaus mit einem Frostwächter, der nur anspringt, wenn die Temperatur unter einen bestimmten Punkt (z.B. +2 °C) fällt. Einfacher, günstiger und leicht makaber ist die Friedhofslicht-Methode: Stellen Sie in kalten Nächten Friedhofslichter auf und stülpen Sie über jedes Licht einen großen Tontopf. Das Licht heizt den Tontopf stark auf, der dann wiederum Wärme an das Gewächshaus abgibt. Diese Methode ist natürlich nicht so präzise wie eine Heizung und vor allem bei tiefen Temperaturen nicht sehr zuverlässig, aber so lässt sich doch ohne großen Aufwand manche kalte Nacht überbrücken.

Spinat keimt schon bei ganz niedrigen Temperaturen.

GARTENPLANUNG

Erstellen Sie zuerst eine Liste mit Ihrem Lieblings-Gemüse sowie Ihren Lieblingsfrüchten und -kräutern. Danach überprüfen Sie diese Liste noch einmal auf folgende Kriterien:

Wie viel Zeit haben Sie?

Die erste und wichtigste Frage ist natürlich, wie viel Zeit Ihnen zur Verfügung steht – Ihr Garten soll Ihnen ja Freude machen und nicht zu einer zusätzlichen Stressquelle werden. Beschränkt sich Ihre Zeit nur auf wenige Stunden in der Woche, ist es gut, sich vorerst auf pflegeleichte Pflanzen zu beschränken wie z.B.

einige Obststräucher, die nacheinander reifen oder anspruchsloses Gemüse wie Mangold. Können Sie täglich mindestens eine halbe Stunde aufwenden, erweitern sich die Möglichkeiten schon ganz enorm.

Wie leicht lässt sich die Kultur ziehen?

Sollte dies Ihr erster Ausflug in die Selbstversorgung sein, lohnt sich ein Blick in die Tabelle auf Seite 137. Dort haben wir alle Kulturen mit den Hinweisen »einfach – etwas komplizierter – anspruchsvoll« versehen.

Daraus ergibt sich auch, wie viel Aufwand man betreiben muss, um einen entsprechenden Ertrag zu erzielen. Es gibt Pflanzen, die ohne große Mühe gigantische Erträge liefern – Paradebeispiele hierfür sind Zucchini oder Buschbohnen. Andere benötigen etwas mehr Einsatz: Tomaten z.B. müssen gestützt, regelmäßig ausgeizt und gedüngt werden. Den Mehraufwand belohnen sie jedoch mit dem besonderen Aroma, mit dem uns nur selbst gezogene Tomaten verwöhnen.

Dann gibt es wiederum Pflanzen, die eine lange Kulturzeit benötigen, gleichzeitig aber auch als Bio-Ware so günstig auf dem Markt erhältlich sind, dass sich der Eigenanbau nur lohnt, wenn man sich auf besondere Sorten konzentriert, wie z.B. dunkelrote Karotten.

Platz-Fragen

Falls Ihnen nur wenig Platz zur Verfügung steht, ist es empfehlenswert, auf raumgreifende Arten wie z.B. Kohl oder gar Kartoffeln zu verzichten. Auf der Fläche, die zwei Kohlköpfe benötigen, könnten Sie auch die ganze Saison hindurch Mangold für zwei Personen pflücken.

Weiterhin empfiehlt es sich bei nur wenig Platz, auf Pflanzen zu verzichten, die eine sehr lange Kulturdauer

'Purple Haze' schmeckt wie alle anderen Karotten, sieht aber spektakulärer aus.

haben, wie z. B. Pastinaken oder Herbst- bzw. Winter-Kohlarten, und stattdessen öfter Pflanzen mit kürzerer Kulturdauer anzubauen. Die Tabelle auf Seite 136 verschafft Ihnen hier einen Überblick.

Wie viele Pflanzen werden benötigt?

Eine Frage, die erst einmal banal erscheint – es passiert trotzdem schnell, dass man im Überschwang eine komplette Samentüte aussät und dann den ganzen Herbst über Grünkohl isst. Auch professionelle Gärtner sind hiervor nicht gefeit – Christopher Lloyd, englisches Gärtner-Urgestein, schrieb einmal: »Ich mag es nicht, wenn mein

eigenes Gemüse mich verfolgt«. Deshalb lohnt es sich, kurz hierüber nachzudenken.

Überlegen Sie, ob Sie nur im Sommer Obst oder Gemüse frisch essen möchten oder ob Sie außerdem Zeit und Lust haben, zusätzliche Erträge zu konservieren oder einzufrieren. Am einen Ende der Skala stehen hier etwas Salat und Grünzeug für die tägliche Salatschüssel, am anderen Ende liegt die totale Selbstversorgung. Hinweise hierzu finden Sie in der Tabelle auf Seite 136. Bitte bedenken Sie, dass die Zahlen dort Richtwerte sind. Im Laufe der Zeit werden Sie ein Gefühl dafür bekommen, welche Mengen für Sie persönlich richtig sind.

Der Plan

Nun können Sie Ihre – eventuell korrigierte – Wunschliste zur Hand nehmen und damit beginnen, die Pflanzen den Beeten zuzuordnen.

Zeichnen Sie zuerst die Pflanzen ein, die über mehrere oder gar viele Jahre am selben Platz sitzen werden, z. B. Obstbäume und -sträucher, Spargel, Rhabarber und Erdbeeren. Diese sitzen im Idealfall an den Rändern Ihres Selbstversorgergartens. Die restliche Fläche kann dann für einjährige Gemüsepflanzen vorgesehen werden. Teilen Sie diese in vier gleich große Teile auf, das erleichtert Ihnen den Fruchtwechsel in den folgenden Jahren.

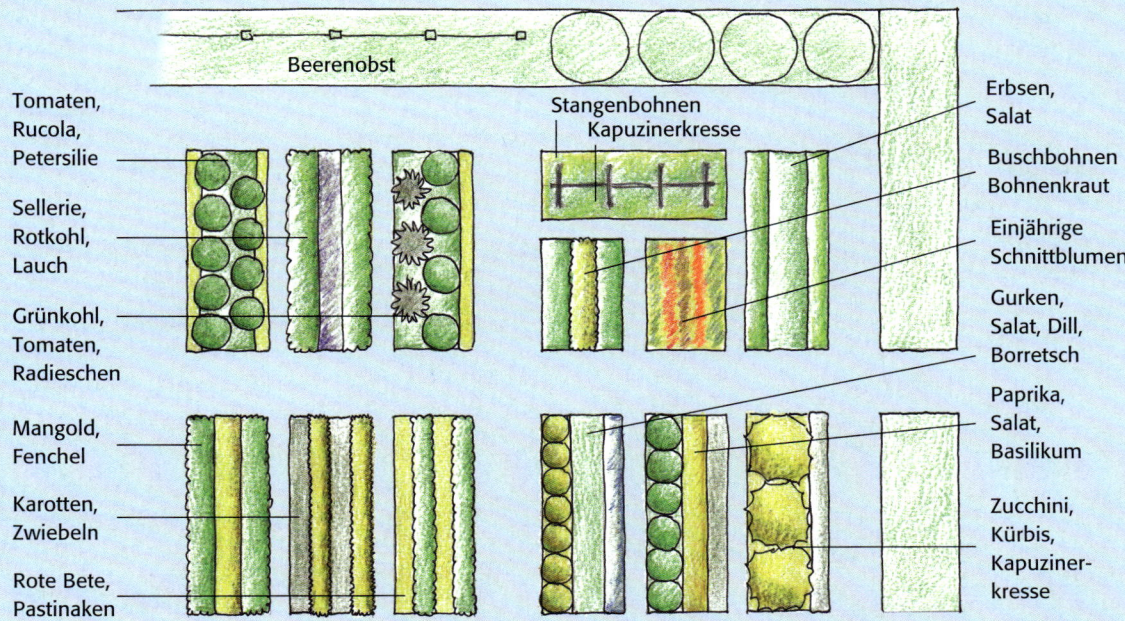

Die Fläche für die Gemüse-Beete ist in vier Viertel unterteilt, um den Fruchtwechsel zu erleichtern.

Beete sollten im Idealfall in Nord-Südrichtung verlaufen, so können die Pflanzen den Sonnenschein ideal ausnutzen. Dafür sollten natürlich auch hohe Gemüse wie z. B. Stangenbohnen am nördlichen Rand der Fläche gepflanzt werden.

Fruchtwechsel und Mischkultur sind zwei Garten-Techniken, die – richtig angewandt – die Pflanzengesundheit fördern und für eine Reduzierung von Schädlingen sorgen:

Fruchtwechsel

Pflanzt man dieselben Pflanzen Jahr für Jahr auf den gleichen Platz, werden dem Boden immer dieselben Nährstoffe entzogen und er wird auf einseitige Weise ausgelaugt. Gleichzeitig können sich Krankheiten und Schädlinge, die auf die jeweiligen Pflanzen spezialisiert sind, besser ausbreiten. Dies gilt nicht nur für die einzelnen Pflanzenarten, sondern auch für Pflanzen aus derselben Pflanzenfamilie.

Deshalb ist der Fruchtwechsel ein wichtiges Hilfsmittel des Biogärtnerns. Man kann alle gängigen Gemüse in Gruppen mit ähnlichen Familien und auch Bedürfnissen einteilen. Die Pflanzen dieser Gruppen werden dann Jahr für Jahr reihum gepflanzt, sodass die jeweiligen Pflanzen nur alle vier Jahre auf derselben Fläche wachsen.

Unsere Fruchtwechseltabelle erleichtert Ihnen hier den Überblick, wobei noch angemerkt werden muss, dass es innerhalb der Vierteilung natürlich auch fließende Übergänge geben kann. Um die Übersicht zu behalten, empfiehlt es sich, die Anbaupläne jedes Jahres eine Weile aufzubewahren.

Mischkultur

Unter »Mischkultur« versteht man die Kombination aus bestimmten Pflanzen und den dadurch entstehenden Nutzen:

- Zusätzliche Blütenpflanzen locken mehr Insekten an, die die Nutzpflanzen bestäuben, z. B. Borretsch neben Gurken.
- Manche Pflanzen ziehen Insekten an, deren Larven Blattläuse und andere Schädlinge fressen, so werden z. B. Schwebfliegen von orange blühenden Blüten wie Tagetes oder Ringelblumen angelockt.
- Stark riechende Pflanzen können Schädlinge verwirren, ein klassisches Beispiel hierfür ist die Kombination von Karotten mit Zwiebeln.
- Allgemeine Wachstumsförderung: Hier ist sich die Wissenschaft noch nicht einig, ob dies tatsächlich der Fall ist, viele Gärtner schwören aber auf bestimmte Pflanzenkombinationen.

In der Mischkultur-Tabelle auf Seite 138 sind Kombinationen aufgeführt, mit denen wir gute Erfahrungen gemacht haben. Allerdings fällt auch auf, dass sich manche Mischkultur-Tabellen in der Literatur widersprechen. Probieren Sie es einfach selbst aus. Und, egal wie groß der Nutzen tatsächlich ist: Ein Garten, der nach den Prinzipien der Mischkultur bepflanzt wird, sieht einfach schön aus!

Gute Nachbarn: Kohl, Sellerie und Tagetes.

Fruchtwechseltabelle

Gruppe 1: Starkzehrer

Kohlgemüse sind Starkzehrer. Diese Beete sollten im Vorfrühling mit gutem Kompost oder gut verrottetem Stallmist versorgt werden, außerdem brauchen sie eine extra Ladung kohlensauren Kalk, um Krankheiten wie die Kohlhernie zu verhindern. Während der Wachstumsphase nachdüngen: mit stickstoffbetontem Dünger, z. B. Hornmehl oder Brennnesseljauche. Kleinere Vertreter der Kohlgewächse wie Radieschen, Asia-Salate oder Rucola müssen nicht nachgedüngt werden.

Sie können auch Tomaten in diese Gruppe packen, nicht nur weil auch sie viel guten Dünger mögen, sondern weil ihr spezieller Geruch Kohlschädlinge abhalten kann. Die Tomaten sollten während der Wachstumsphase mit Tomatendünger nachgedüngt werden.

Folgende Pflanzen gehören in diese Gruppe:
- Asia-Salate
- Blumenkohl
- Brokkoli
- Chinakohl
- Kohlrabi
- Pak Choi
- Radieschen
- Rot- und Weißkohl
- Rucola
- Tomaten
- Wirsing

Gruppe 2: Wurzelgemüse

Die meisten dieser Pflanzen mögen keinen zu nahrhaften Boden, vor allem keine Düngung mit Mist. Deshalb pflanzt oder sät man sie praktischerweise nach den Starkzehrern.

Nur, wenn Sie auf armen Böden gärtnern, empfiehlt es sich, vor der Aussaat Kompost auszubringen.

Lauch und Sellerie sind die einzigen Ausnahmen: Sie sind auch Starkzehrer und benötigen zusätzlichen Dünger – stickstoffbetont für den Lauch, kalibetont für den Sellerie.

Folgende Pflanzen gehören in diese Gruppe:
- Fenchel
- Karotten
- Knoblauch
- Lauch
- Mangold
- Pastinaken
- Rote Bete
- Schwarzwurzeln
- Sellerie
- Zwiebeln

Gruppe 4: Leguminosen, Kräuter und Schnittblumen

Diese Pflanzen sind mit den »Nahrungsresten« aus der vorigen Gruppe vollkommen zufrieden. Nur bei ganz armen Böden sollte Kompost zugefügt werden.

Erbsen und Bohnen zählen zu den Leguminosen. Diese Pflanzen sammeln Stickstoff aus der Luft und lagern ihn im Boden ab. Schneiden Sie diese Pflanzen nach der Ernte nur ab – die Wurzeln können über den Winter im Boden verrotten und den Stickstoff dann an die nachfolgenden Kohlgewächse abgeben.

Hier gibt es nur einen Haken: Erbsen und Bohnen eignen sich nicht für die Mischkultur miteinander. Dieses Problem lässt sich aber lösen, indem man die beiden Pflanzen mit einjährigen Kräutern oder Schnittblumen voneinander trennt.

In diese Gruppe gehören:
- Dicke Bohnen
- Stangenbohnen
- Buschbohnen
- Erbsen

Gruppe 3: Kartoffeln und Fruchtgemüse

In dieser Gruppe sind wieder Starkzehrer zusammengefasst: Allerdings mögen sie alle ein ausgewogenes Nährstoffangebot, also nicht nur Stickstoff, sondern auch Phosphor und Kali für eine gute Fruchtbildung.

Arbeiten Sie halb verrotteten Kompost vier Wochen vor der Pflanzung in die Beete ein. Alternativ eignet sich auch eine Düngung mit Horn-, Blut- und Knochenmehl direkt vor der Pflanzung.

Während der Wachstumsphase freuen sich alle über zusätzliche Fütterung mit Tomatendünger für gute Früchte.

Zu dieser Gruppe zählen:
- Artischocken
- Auberginen
- Chili
- Gurken
- Kartoffeln
- Kürbisse
- Mais
- Paprika
- Tomaten
- Zucchini

Jetzt aussäen

Ab Ende des Monats auf dem Fensterbrett

Gemüse

- Artischocken
- Keim-Sprossen
- Kohlrabi – z. B. 'Azur Star,' 'Lanro'
- Kopfsalat – z. B. 'Britney', 'Maikönig'
- Schnittsalat – z. B. 'Grit', 'Lollo Bionda'

Kohlrabi und Salate können dann schon einige Wochen später, gleich nach dem Pikieren, in ein frostfreies Gewächshaus oder einen Frühbeetkasten gepflanzt werden. Achten Sie bei der Sortenwahl unbedingt darauf, nur solche zu wählen, die für den Anbau unter Glas geeignet sind.

Direktsaat im frostfreien Gewächshaus oder Frühbeet

Gemüse und Kräuter

- Radieschen – z. B. 'Celesta'
- Spinat – z. B. 'Lazio', 'Napoli'
- Kerbel
- Kresse

Neben den Aussaatbehältnissen, die es zu kaufen gibt, eignen sich auch Gefäße wie z. B. Joghurtbecher. Jedes Gefäß muss mindestens ein Abzugsloch haben. Und: Kaufen Sie stets frische Aussaaterde.
Die Samen bedeckt man sorgfältig mit einer Erdschicht, die etwa so dick wie die Samen ist. Eine Ausnahme sind Lichtkeimer, die unbedeckt bleiben.

AUSSAATTABELLE

Zeitpunkt	Ort	Methode	Geeignete Pflanzen
Ende Januar–März	Auf der warmen Fensterbank (über 18 °C)	In Saatschalen, danach in einzelne Töpfchen pikieren, ab April ins Gewächshaus oder nach den Eisheiligen in den Garten pflanzen. Wie oben, nach dem Pikieren kühler halten.	Artischocken, Auberginen, Basilikum, Chilis, Koriander, Majoran, Micro-Greens, Oregano, Paprika, Sellerie, Sprossen, Tomaten Lauch, Petersilie, Thymian
Ende Januar–März	Auf der kühlen Fensterbank (10–15 °C)	In Saatschalen, danach pikieren, einige Wochen später in frostfreie Umgebung pflanzen (Frühbeet, Gewächshaus oder Freiland, falls Wetter entsprechend)	Asia-Salate, Blumenkohl, Brokkoli, Kohlrabi, Kopfsalat, Pflücksalat, Weiß- und Rotkohl, Rucola, Walderdbeeren
Ab Ende Januar	Frostfreies Gewächshaus oder Frühbeetkasten	Direktsaat in Reihen	Feldsalat, Karotten, Radieschen, Rettich, Spinat, Kerbel
		Aussaat in Multitopfplatten, später im Freiland auspflanzen	Dicke Bohnen, Pal-Erbsen, Mairüben
Ab Mitte März/ April (je nach Klima)– August	Im Garten	Direktsaat in Reihen	Asia-Salate, Chinakohl, Dicke Bohnen, Endivien, Mark-Erbsen, Feldsalat, Grünkohl, Knollenfenchel, Karotten, Kohlrabi, Kohl, Lauchzwiebeln, Mangold, Mairüben, Pastinaken, Kopf- und Pflücksalate, Rucola
ab April	Auf der Fensterbank	In einzelne Töpfe im Haus/Gewächshaus, nach den Eisheiligen im Garten pflanzen	Bohnen, Gurken, Kürbisse, Zucchini, Zuckermais
ab Mitte Mai	Im Garten	Direktsaat von kälteempfindlichen Pflanzen	Bohnen, Gurken, Kürbisse, Zucchini, Zuckermais

Jetzt pflegen

Allgemeine Check-Liste

- Voller Vorfreude neue Pflanzenkataloge bestellen.
- Saatgutvorräte durchsehen, Keimproben machen (siehe Seite 131), danach neue Sämereien besorgen.
- Gartenplan für das neue Jahr anlegen (siehe Seiten 12–15).
- Nach starken Schneefällen schweren Schnee von Bäumen und Sträuchern schütteln; Schnee, der von Wegen gefegt wird, kann auf Beeten verteilt werden – unter der Schneedecke bleibt die Bodenwärme besser erhalten.
- Material zum Schutz von Frühbeetkästen bei starkem Frost bereithalten: z. B. Noppenfolie, Strohmatten oder Styroporplatten.
- Lager und Mieten regelmäßig kontrollieren – mindestens alle 14 Tage – und faulende oder schimmelnde Früchte und Gemüse entfernen, an frostfreien Tagen lüften.
- Vögel füttern: bei geschlossener Schneedecke oder starkem Frost, mit geeignetem Futter.

Obstbäume

- Kontrollieren, ob Pfähle noch fest im Boden sitzen, Bindungen noch haltbar und nicht zu eng sind.
- Frostrissen vorbeugen – vor allem bei jungen Bäumen: Starker Sonnenschein und Minusgrade lassen die Rinde platzen. Wenn es schnell gehen muss: ein Brett, an den Stamm gelehnt, sorgt für Schatten. Mehrere Bäume werden am besten mit einem weißen Schutzanstrich versehen. Dieser ist im Gartenmarkt erhältlich oder lässt sich auch aus 10 l Wasser, 1 kg Branntkalk und 500 g Tapetenkleister selbst machen.

Erbsen kann man in Dachrinnen vorziehen und später »am Stück« in vorbereitete Rillen gleiten lassen.

Ein Frühbeet ermöglicht einen früheren Start im Frühling und eine verlängerte Erntesaison im Herbst.

AUSWAHL DER PASSENDEN SORTEN

Erntezeiten

Nehmen Sie die Hinweise wie »früh« oder »spät« auf Samenpackungen ernst. Sät man z. B. frühen Spinat statt im Frühling im Sommer aus, wird er blitzschnell schießen.

F_1-Hybriden

Was sind F_1-Hybriden? Der Züchter wählt eine Pflanze mit einem bestimmten Merkmal aus. Diese Pflanze wird über mehrere Generationen mit sich selbst gekreuzt, bis sie für das besagte Merkmal reinerbig ist. Dann wird sie mit einer anderen Pflanze gekreuzt, die die gleiche Art der Behandlung hinter sich hat. F_1-Hybriden sind die erste Generation aus dieser letzten Kreuzung, sie sind alle identisch und zeichnen sich

z. B. durch besondere Wüchsigkeit, Geschmack oder Reichblütigkeit aus. Dass sich dieser Prozess einige Zeit hinzieht, schlägt sich im Preis nieder. Wenn man von F_1-Hybriden Samen abnimmt, erhält man in der nächsten Generation keine identischen Nachkommen, deshalb muss man F_1-Hybriden jedes Jahr neu kaufen.

Resistenzen gegen Krankheiten

Jedes Jahr kommen neue Sorten auf den Markt, deren Werbung Resistenzen gegen typische Krankheiten oder Probleme verspricht: z. B. krautfäuleresistente Tomaten oder Kopfsalate mit Blattlaus-Resistenz. Die Verwendung solcher Sorten sollte im Idealfall Pflanzenschutzmaßnahmen reduzieren.

Pilliertes Saatgut und Saatbänder

Dies kann entweder sehr feines Saatgut sein, das einzeln mit einer Hülle aus Tonmehl versehen wird und so einfacher zu handhaben ist – oder aber Saatgut, das schon im richtigen Abstand an Vlies-Bändern befestigt wurde, die man in den Beeten auslegt.

Historische und seltene Nutzpflanzensorten

Diese Sorten sind für den Erwerbsanbau nicht mehr interessant, werden aber trotzdem von spezialisierten Saatguthändlern oder Vereinen in Umlauf gehalten. Viele haben ungewöhnliche Eigenschaften oder Namen, z. B. der Kopfsalat 'Goldforellen'. Sie sind eine Bereicherung des Speisezettels und es macht Spaß, Gemüse zu ziehen, das nicht in jedem Laden erhältlich ist. Leider sind manche dieser Sorten krankheitsanfällig.

Ihr Geschmack

Vermerken Sie jedes Jahr in einem Gartentagebuch, welche Sorten Sie ausgewählt haben, wie das jeweilige Wuchsverhalten sowie der Geschmack waren. So gehen Sie sicher, dass Sie auch im nächsten Jahr noch wissen, was sich am besten im Kleinklima Ihres Gartens macht.

Rote Bete müssen nicht zwangsläufig rot sein – 'Burpee's Golden' (links) und 'Tonda di Chioggia' (rechts) bringen Abwechslung auf den Tisch und können sogar roh gegessen werden.

Jetzt genießen

Tagliatelle mit Butternusskürbis, Steinpilzen und Salbei

Butternusskürbis lässt sich wunderbar im kühlen Keller für mehrere Monate aufbewahren. Sein herrlich nussiger Geschmack kommt besonders zur Geltung, wenn man ihn im Ofen röstet. Statt zu den Tagliatelle kann dieses Gericht auch zu gegrilltem Huhn serviert werden.

Zutaten für 4 Portionen

1 kg Butternusskürbis – Salz und frisch gemahlener Pfeffer – 2 kleine getrocknete Chilis, zerbröckelt, oder 2 Prisen Chiliflocken – 2 EL Olivenöl – 30 g getrocknete Steinpilze – 1 rote Zwiebel – 2 Knoblauchzehen – 25 g frische Salbeiblätter – 1 EL Butter – 1 Glas trockener Weißwein – 200 ml Sahne – 500 g Tagliatelle oder hausgemachte Eiernudeln

Zubereitung

- Den Ofen auf 185 °C vorheizen, den Kürbis längs halbieren, schälen, entkernen und in 1 cm große Würfel schneiden. Auf einem Backblech mit Salz, Chili und Olivenöl würzen. Im Ofen ca. 30 Minuten braten, bis der Kürbis weich ist, dabei nach 15 Minuten wenden.
- Steinpilze in einer Schale mit kochendem Wasser übergießen und 20 Minuten quellen lassen.
- Zwiebel und Knoblauch fein würfeln, Salbei grob hacken. Alles mit Olivenöl in einer Pfanne andünsten.
- Steinpilze absieben, die Flüssigkeit aufbewahren und zur Seite stellen. Die abgetropften Steinpilze mit Butter in die Pfanne beigeben. Unter Rühren 1 Minute sanft garen lassen. Weißwein dazu gießen und um ein Drittel reduzieren.
- Sahne und ein paar Esslöffel des Pilzsuds dazu geben. Weiter reduzieren lassen und dann den Kürbis beigeben. Mit Salz und Pfeffer abschmecken.

Jetzt kreativ werden

Planen Sie ein Schnittblumenbeet

Ein Schnittblumenbeet klingt vielleicht etwas extravagant, aber mit der entsprechenden Planung können Sie sich den ganzen Sommer an frischen Blumen erfreuen und sparen zudem noch Geld. Neben Blütenstauden wie Pfingstrosen, Frauenmantel, Kugeldisteln, Astern, Schleierkraut, hohen Gräsern und Rosen eignen sich viele einjährige Blumen. Bei Platzmangel nehmen Sie einfach einjährige Schnittblumen in Ihr Fruchtwechsel-Schema auf (z. B. mit den Leguminosen, siehe auch Seite 15).

Tipps und Tricks

■ Wählen Sie bei wenig Platz nur Blumen, die nach jedem Schnitt neue Blüten treiben – sie blühen lange weiter (andere, wie Gladiolen oder Tulpen, sind nach einem Schnitt »abgeerntet«).

■ Unsere Favoriten unter den Einjährigen: Buntschopfsalbei *(Salvia viridis)*, Cosmeas, Löwenmäuler, Jungfer im Grünen, Ringelblumen in verschiedenen Sorten, Spinnenblumen *(Cleome spinosa)*, Sonnenblumen (verzweigte Sorten), Wicken, Zinnien und *Verbena bonariensis*. Dahlien und Bartnelken sind mehrjährig und blühen ebenfalls sehr lange.

■ Versorgen Sie das Beet vor der Aussaat oder Pflanzung mit gutem Kompost. Besonders Dahlien, Sonnenblumen und Wicken freuen sich über eine zusätzliche Ladung Dünger.

■ Kneifen Sie bei jungen Pflanzen die Triebspitzen aus, wenn sie 10–15 cm hoch sind, so verzweigen sie sich besser und liefern mehr Blütentriebe.

■ Sollten die Blumen während der Vegetationsperiode schwächeln, können Sie mit Tomatendünger nachdüngen (Phosphor-betont, fördert die Blüte).

Cosmeas sind beliebte Schnittblumen – auch bei Insekten.

Verbena bonariensis liefert Blüten bis zum ersten Frost.

Auch viele Garten-Stauden eignen sich als Schnittblumen – hier Kugeldisteln und Schleierkraut.

Februar

Gärtner mit einem frostfreien Gewächshaus kommen jetzt in Schwung – während alle anderen gespannt die Wettervorhersagen beobachten. Der Februar kann noch bitterkalt sein, in manchen Jahren locken uns aber auch schon erste warme Vorfrühlingstage ins Freie.

Die richtige Zeit, sich um Obstgehölze zu kümmern

An den allerersten wärmeren Tage muss nicht sofort mit der Beetvorbereitung begonnen werden. Lassen Sie Spaten und Rechen stehen, wenn die Erde noch an Ihren Schuhen kleben bleibt oder sich gar Wasser in Ihren Fußspuren sammelt. In diesen Fällen ist der Boden noch zu nass und Sie verdichten ihn unnötig.

Dafür können Sie an frostfreien Tagen Ihre Obstgehölze schneiden und weitere Jungpflänzchen im Haus aussäen. Werfen Sie noch mal einen Blick auf Ihre Aussaatliste: Welche Pflanzen können nach der frühen Aussaat ins Frühbeet, welche müssen in der Wärme bleiben?

Bevor Sie in die Vollen gehen und Kistchen über Kistchen aussäen, überschlagen Sie kurz den zur Verfügung stehenden Platz. Alle Sämlinge müssen in einigen Wochen in kleine Töpfchen pikiert werden. Pflanzen, die dann auf dem Fensterbrett buchstäblich um einen Platz an der Sonne kämpfen müssen, wachsen nur selten zu kräftigen und gesunden Pflanzen heran. Falls Sie nur wenige Pflanzen brauchen oder keine bestimmten Sorten wählen möchten, ist es praktischer, die Setzlinge erst kurz vor der Pflanzung zu besorgen.

Kerbel sollte früh ausgesät werden, spätere Aussaaten schießen schnell.

Jetzt aussäen & pflanzen

Auf dem warmen Fensterbrett (mind. 20 °C)

Gemüse und Kräuter

- Artischocken
- Auberginen*
- Chilis*
- Lauch, frühe Sorten, z.B. 'Bavaria', 'Easton'
- Paprika*
- Tomaten*
- Petersilie
- Thymian: Lichtkeimer

* Eine so frühe Aussaat dieser Pflanzen ist nur praktisch, wenn eine Weiterkultur im Gewächshaus möglich ist: Diese Pflanzen brauchen nach dem Pikieren Temperaturen von mindestens 15 °C. Auf Fensterbrettern ist für sie meist nur einseitiges Licht vorhanden.

Auf dem kühlen Fensterbrett (12–16 °C)

Gemüse und Kräuter

- Asia-Salate: in Saatkistchen, später direkt daraus ernten
- Kohlrabi – z.B. 'Azur Star', 'Blaro', 'Lanro'
- Kopfsalat – z.B. 'Britney', 'Maikönig', 'Larissa'
- Mark-Erbsen für Ranken (siehe Tipp)
- Micro-Greens (siehe auch Seite 35)
- Schnittsalat – z.B. 'Grit', 'Lollo Bionda', 'Pasha'
- Weißkohl – frühe Sorten wie z.B. 'Marner Allfrüh', 'Nozomi', 'Premiere'
- Kresse

Obst

- Walderdbeeren: Lichtkeimer

Mitte/Ende des Monats im frostfreien Gewächshaus oder Frühbeet bzw. Folientunnel

Diese Pflanzen können einige Wochen nach dem Pikieren in ein frostfreies Gewächshaus oder einen Frühbeetkasten gepflanzt werden.

Gemüse und Kräuter

- Dicke Bohnen: in Multitopfplatten, im März auspflanzen
- Frühe Palerbsen – z.B. 'Allerfrüheste Mai', 'Feltham First' – in Multitopfplatten, im März auspflanzen
- Feldsalat
- Karotten – früheste Sorten wie z.B. 'Damco'
- Pastinaken
- Radieschen
- Rettich
- Spinat – z.B. 'Lazio', 'Napoli'
- Kerbel
- Kresse

Im frostfreien Gewächshaus bzw. Frühbeetkasten pflanzen

- Kohlrabi
- Kopfsalat
- Schnittsalat

TIPP Probieren Sie Erbsenranken als Ergänzung für Salate: Säen Sie Erbsen in Töpfen auf dem kühlen Fensterbrett aus. Wenn die Pflanzen 10–15 cm hoch sind, kneifen Sie die Triebspitzen mit Ranken und 1–2 Blättern aus. Die Pflanze verzweigt sich neu und beschert Ihnen etwas später weitere 1–2 Ernten.

Jetzt pflegen

Allgemeine Check-Liste

- pH-Wert des Bodens testen – einfache Test-Sets gibt es in jedem Gartenmarkt (siehe auch Seite 27).
- Kalk und Gesteinsmehl ausstreuen.
- Grube für das Mistbeet ausheben (siehe Seite 26), 1–2 Wochen später bepflanzen.
- Lager und Mieten regelmäßig kontrollieren – mindestens alle 14 Tage – und faulende oder schimmelnde Früchte und Gemüse entfernen, an frostfreien Tagen lüften.

Gemüse und Kräuter

- Steckzwiebeln jetzt schon kaufen, idealerweise kleine Zwiebeln unter 1 cm Durchmesser, und in einem geheizten Raum aufbewahren. Beides vermindert später das Schießen.
- Minze und Schnittlauch: im Herbst getopfte und im Frühbeet überwinterte Pflanzen zum Treiben auf das Fensterbrett stellen.
- Kartoffeln vorkeimen.

Obst

- Falls noch nicht erledigt: Baumstämme vor Frostrissen schützen (siehe Seite 17).
- An frostfreien Tagen Schnitt von Obstgehölzen: Stachel- und Johannisbeeren, Kernobstbäume (siehe auch Seiten 28 und 29).
- Nach dem Schnitt: Reiser und Steckhölzer gewinnen.
- Andere größere Zweige als Stützen für Erbsen etc. aufbewahren, Stachelbeerästchen können Katzen von frisch eingesäten Beeten fernhalten.
- Rinde von Obstbäumen abbürsten: unter ihr können sich viele Schädlinge verstecken; Rindenteile vernichten.
- Auf Baumscheiben Kompost ausbringen, mit Mulch abdecken.
- Blaubeeren: mit Rhododendrondünger versorgen.

- Erdbeeren: Stülpt man einen Folientunnel über einige Pflanzen, kann man die Ernte verfrühen.
- Himbeeren, Herbst-Sorten: abgetragene Ruten direkt am Boden zurückschneiden.
- Rhabarber vortreiben: mit halbverrottetem Kompost mulchen, danach einen großen Eimer oder Topf über die Pflanze stülpen. So bilden sich lange, zarte Stangen, die man schon ca. 4 Wochen später ernten kann. Durch den Lichtmangel erhalten die Stangen ein zarteres Aroma.

Stellen Sie Kartoffeln zum Vorkeimen in einen hellen Raum, so erhalten Sie kräftige kurze Knospen.

SCHUTZ VOR KÄLTE UND FROST

Frühbeete und Folientunnels ermöglichen frühere Ernten

Bei **Folientunnels** gibt es einfache Plastiktunnel, die nur für ein paar Wochen über einem Beet aufgebaut werden und stationäre Tunnel, die in ihrer Funktion fast einem Gewächshaus gleichkommen, nur weniger frostfest sind.

Frühbeete mit Glas- oder Plexiglasscheiben sind solider. Es gibt mobile Ausführungen, die über dem Beet aufgestellt werden, oder dauerhafte Varianten »Marke Eigenbau«. Wichtig ist in jedem Fall, dass die Rückwand höher ist als die vordere, damit das Wasser ablaufen kann. Die Rückwand sollte sich an der Nord-,

die vordere sich an der Südseite befinden, damit die Sonne optimal ausgenutzt wird. Ein Frühbeet ist ein guter Kompromiss, wenn ein Gewächshaus zu aufwendig ist.

Garten-Vlies kann man lagen- oder rollenweise kaufen und als »Decke« nutzen, die die Kälte abhält.

- Decken Sie empfindliche Pflanzen über Nacht ab, wenn späte oder im Herbst frühe Fröste angekündigt werden.
- Legen Sie eine Lage Vlies auf ein Beet, damit sich die Erde schon vor der Aussaat aufwärmt.
- Bedecken Sie Aussaaten mit Vlies, um sie vor tierischen Eindringlingen zu schützen und die Keimtemperatur zu erhöhen.

Vlies ist wasserdurchlässig und kann

auch länger auf einem Beet liegen. Heben Sie es tagsüber regelmäßig hoch, um Fäulnis und Schneckenfraß unter Kontrolle zu halten.

Beet mit Fußbodenheizung: das Mistbeet

Sie haben ein Frühbeet und kommen an Pferdemist? Nutzen Sie die Gelegenheit für ein Mistbeet. Es ermöglicht noch frühere Ernten von Salat, Kohlrabi und anderem Blattgemüse.

So wird's gemacht: Heben Sie Ihr Frühbeet ca. 60 cm tief aus. Packen Sie eine Lage frischen Pferdemist in dieses Beet, den Sie fest antreten. Die Mist-Schicht sollte danach ungefähr 30 – 40 cm dick sein. Darauf folgt eine Lage gute Gartenerde von ca. 20 cm. Bedecken Sie das Frühbeet mit den Fenstern und warten Sie etwa eine Woche. Beim Verrotten setzt der Mist Wärme frei, die das ganze Frühbeet aufheizt.

Nach einer Woche können Sie Ihre Jungpflanzen in das Frühbeet setzen, die nun – von unten gut beheizt – munter wachsen können. Nach der Ernte dieser frühen Kulturen können Sie z. B. Paprika oder Auberginen in das Mistbeet pflanzen. Anfangs können die kleinen Pflänzchen noch von den Frühbeetfenstern profitieren, außerdem wachsen sie in der Extra-Ladung Mist hervorragend.

Folientunnels können so groß sein wie Gewächshäuser, sind aber günstiger.

BODENVERBESSERUNG UND PH-WERT

Der ideale Boden ist humusreich, locker, dunkel und enthält viele Regenwürmer. Er ist nährstoffreich und verfügt über gute Wasserhaltekraft. Man kann ihn sich erarbeiten, der Prozess kann sich aber über einige Jahre hinziehen.

Das Einarbeiten organischer Masse verbessert jede Bodenart. Bodenlebewesen sondern während der Umsetzung von organischer Masse in Humus Stoffe ab, die die Humuspartikel zusammenhalten und so die typische Krümelstruktur produzieren. Bei sandigen Böden verbessert Humus die Nährstoff- und Wasserhaltekraft, lehmige Böden werden besser belüftet und aufgelockert.

Materialien für die Bodenverbesserung

- Kompost: Vor dem Pflanzen oder Aussäen auf Beete verteilen (3 l/m²), oberflächlich einarbeiten; hat auch Düngewirkung.
- Halb verrotteter Kompost: in der Vegetationszeit als Mulch nutzen.
- Rindenhumus (Rindenkompost): verbessert die Bodenstruktur, vor allem bei Lehm; geringere Düngewirkung. Wichtig: Hier handelt es sich um kompostierte Rindenprodukte; noch nicht kompostierte Rinde wie Rindenmulch oder -häcksel entzieht dem Boden während des Verrottens Nährstoffe.

- Stallmist: gute Düngewirkung; sollte nie frisch verwendet werden, sondern mindestens ein Jahr gelagert bzw. kompostiert worden sein, da sonst Gemüsefliegenbefall droht. Empfohlene Menge: 3 kg/m², alle 3 – 4 Jahre.
- Steinmehl: keine Düngewirkung, soll jedoch die Bodenstruktur verbessern. Es gibt Ausführungen für verschiedene Böden, mit oder ohne pH-Wert-erhöhende Wirkung.
- Gründüngung: besonders für humusarme und schwere Böden, z.B. mit Lupinen (mehr auf Seite 86).
- Torf: Wir möchten Torf nicht empfehlen. Die Torfmoore Europas wurden durch den Abbau drastisch reduziert. Torf kann durch Kompost und Rindenhumus ersetzt werden.

pH-Wert des Bodens

Sie können ihn mit einem günstigen Test-Set aus dem Gartencenter messen. Der pH-Wert ist interessant, weil Pflanzen bestimmte Nährstoffe nicht mehr aufnehmen können, wenn er zu niedrig oder zu hoch ist. Im Nutzgarten streben wir einen pH-Wert zwischen 6,5 und 7,5 an. Liegt der pH-Wert Ihres Bodens unter 6, streuen Sie im Spätwinter 200 g Düngekalk/m² oder basisch wirkendes Steinmehl auf Ihre Beete – jedes Jahr, bis der Wert ideal ist. Auch bei idealem pH-Wert sollte man alle 3 – 4 Jahre eine Erhaltungs-Kalkung mit 100 – 150g/m² durchführen. Stark bewirtschaftete und sandige Böden werden sonst im Laufe der Zeit immer saurer.

Dunkler feinkrümeliger Kompost: Dünger und Bodenverbesserer.

WINTERSCHNITT VON OBSTGEHÖLZEN

Frostfreie Tage im Februar sind ideal, um den Schnitt von Obstgehölzen vorzunehmen. Der Schnitt von Obstgehölzen ist ein komplexes Thema, deshalb wollen wir an dieser Stelle nur auf die Grundsätze eingehen.

Man unterscheidet drei verschiedene Gruppen von Obstgehölzen: **Beerensträucher, Kernobst** (Äpfel und Birnen) und **Steinobst** (Kirschen, Zwetschgen, Pfirsiche, Aprikosen). Steinobst wird nicht im Vorfrühling, sondern grundsätzlich im Sommer geschnitten, siehe Seite 79. Es wird oft empfohlen, Beerensträucher gleich nach der Ernte zu schneiden. Sollten Sie noch nicht dazu gekommen sein, können Sie den Beerensträucher-Schnitt problemlos bis Februar nachholen.

Beerensträucher

Brombeeren zeichnen sich vor allem durch sehr starkes Wachstum aus – das Hauptziel ist hier, die Masse der Triebe überschaubar zu halten. Am einfachsten ist dies, wenn man die Triebe an einem Rankgerüst entlang zieht. Brombeeren fruchten am zweijährigen Holz, d.h. ein Trieb wächst im einen Jahr und fruchtet im nächsten. Alle abgetragenen Triebe (man kann sie an noch anhaftenden Beeren-Resten erkennen) sollten im Winter am Boden herausgeschnitten werden. Danach wählt man die sechs schönsten Triebe aus, befestigt sie am Gerüst und schneidet alle restlichen Triebe an der Erdoberfläche ab. Sollten die verbleibenden Triebe zu lang sein,

kann man sie um ⅓ kürzen. Um die Pflanze noch überschaubarer zu halten, kann man zusätzlich einen Sommerschnitt durchführen, Details hierzu auf Seite 79.

Blau- oder Heidelbeeren benötigen keine großen Schnittmaßnahmen. Erst wenn die Pflanze schon einige Jahre alt ist, kann man regelmäßig einige ältere Triebe direkt über dem Boden herausschneiden, um das Wachstum von jungen Trieben anzuregen.

Himbeeren, Sommersorten: Schneiden Sie jedes Jahr die abgetragenen Triebe am Boden zurück (man kann sie an noch anhaftenden Himbeer-Resten erkennen). Die noch verbleibenden Triebe fruchten dann im folgenden Sommer. Schneiden Sie auch schwache und überzählige Triebe am Boden ab, entlang der Himbeer-Reihe sollten 8 – 12 schöne Triebe pro laufenden Meter stehen bleiben.

Himbeeren, Herbst-Sorten: Diese fruchten am einjährigen Trieb, deshalb kann man im Winter alle Triebe am Boden abschneiden. Die Ernte erfolgt an den Trieben, die neu heranwachsen.

Rote und weiße Johannisbeeren verjüngen Sie, indem Sie jedes Jahr einige der ältesten Leitäste direkt

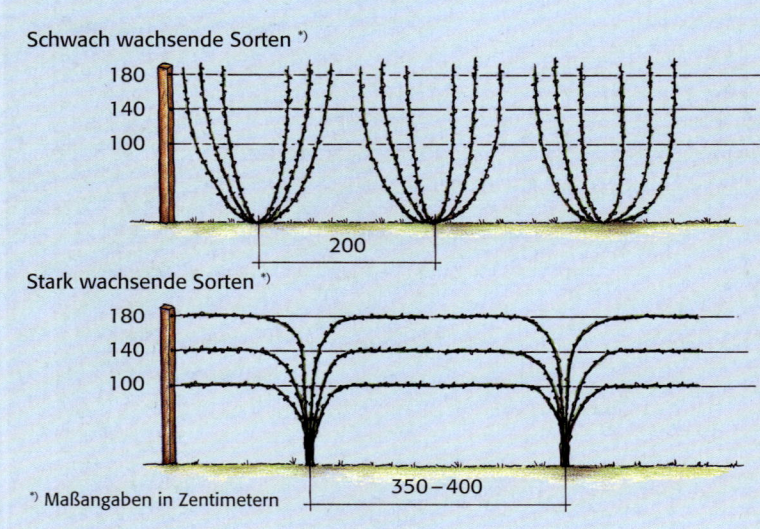

Schwach wachsende Sorten *⁾

180
140
100

200

Stark wachsende Sorten *⁾

180
140
100

350 – 400

*⁾ Maßangaben in Zentimetern

An einem Spalier gezogene Brombeeren sind leichter zu ernten.

am Boden ausschneiden. Grundsätzlich sollen alle verbleibenden Zweige genügend Licht und Luft bekommen, damit die Beeren gut besonnt werden. Stehen zwei Triebe nah beieinander, schneiden Sie den schwächeren am Boden ab. Rote und weiße Johannisbeeren fruchten an altem und an jungem Holz.

Schwarze Johannisbeeren fruchten am einjährigen Holz. Wenn der Strauch einige Jahre alt ist, schneidet man hier jedes Jahr ⅓ der Triebe am Boden heraus, damit er sich gleichmäßig verjüngt.

Stachelbeeren fruchten an ein- und zweijährigem Holz. Ein Strauch sollte 8–10 Leitäste haben. Herausgeschnitten werden die ältesten Leitäste am Boden, nach innen wachsende und verkahlende Triebe. Von zwei dicht beieinander stehenden Leitästen wird der schwächere entfernt.

Kernobst

Hier unterscheidet man drei Varianten des Schnittes – welche ein Baum benötigt, hängt von seinem Alter ab.

Erziehungsschnitt: bei Jungbäumen in den ersten Jahren. Die einfachste Variante: Sie lassen den Erziehungsschnitt in der Baumschule durchführen. Sollten Sie die Jungbaum-Erziehung jedoch als persönliche Herausforderung

betrachten, möchten wir Sie auf weiterführende Fachliteratur verweisen. Viele Gartenbau-Vereine bieten auch Kurse zum Obstbaumschnitt an. Es lohnt sich, hier Zeit zu investieren – der Erziehungsschnitt ist der wichtigste Schnitt im Leben eines Baumes.

Auslichtungsschnitt: bei Bäumen, die schon mehrere Jahre glücklich an ihrem Platz stehen und weiterhin gut tragen sollen. Die Details hierzu beschreiben wir nachfolgend.

Verjüngungsschnitt: bei alten, vergreisten oder auch verschnittenen Bäumen. Auch hier wird etwas mehr Fachwissen benötigt, um einen Baum wieder richtig in Schwung zu bringen. Vor diesem Hintergrund möchten wir Ihnen ebenfalls weiterführende Literatur bzw. Kurse ans Herz legen.

Die Grundsätze des Auslichtungsschnitts bei Kernobst

Obstbäume wachsen selbstverständlich auch ohne Auslichtungsschnitt ganz prima. Jede Pflanze ist bestrebt, so viele Früchte und somit Samen wie möglich zu bilden – bei einem ungeschnittenen Apfelbaum wäre das Resultat eine große Menge kleiner Äpfel. Durch einen Auslichtungsschnitt erhält man zwar weniger, aber größere Früchte, die rundum von der Sonne beschienen werden und geschmackvoll sind.

Wächst Ihr Baum eher schwach oder gar sehr stark? Ein Winter-Schnitt fördert das Wachstum, bei stark wachsenden Bäumen ist allerdings ein Sommerschnitt sinnvoller (siehe Seite 79).

Beachten Sie auch die natürlichen Wuchsformen von Apfel und Birne:

Der richtige Schnitt

Stumpf stirbt ab und zieht Pilze an, die sich auch im gesunden Holz ausbreiten.

Ideal

Zu nah am Stamm

Schneiden bzw. sägen Sie Äste und Zweige immer direkt am Stamm ab.

Birnbäume haben einen pyramidalen Wuchs mit einem Leittrieb, während Apfelbäume eher breit auslandend wachsen. Idealerweise schneiden Sie so, dass diese grundsätzlichen Wuchsformen erhalten bleiben.

Nehmen Sie Ihr frisch geschärftes Werkzeug zur Hand und gehen Sie folgendermaßen vor:

- Entfernen Sie zuerst alle dürren und vertrockneten oder kranken Triebe,
- dann alle Zweige, die nach innen wachsen,
- Zweige die sehr steil nach oben wachsen und
- solche die nah bzw. parallel zu Leitästen wachsen.

Dabei ist es wichtig, alle Zweige und Äste immer direkt am Stammansatz herauszunehmen – keine »Kleiderhaken« stehen lassen. Diese sterben ab, werden oft von Pilzen befallen und schädigen dann den ganzen Baum.

Starker oder schwacher Schnitt?

Eine alte Regel sagt: »Durch einen Apfelbaum soll man einen Hut werfen können, ohne dass er irgendwo hängen bleibt.« Im Detail gelten folgende Schnittregeln:

- Ein starker Schnitt bewirkt stärkeres Wachstum, weniger Blütenknospen und somit weniger Ertrag, dafür werden die Früchte größer.

- Auf schwachen Schnitt reagiert der Baum nur schwach. Er hat dann viele Blütenknospen und somit höheren Ertrag, aber kleinere Früchte.
- Oft ist es günstiger, statt vieler kleinerer Äste eher 1–2 dickere, falsch stehende Äste herauszunehmen. So bekommt man mehr Luft in den Baum, ohne dass er durch zu starken Schnitt zu stark nachtreibt.

Vorbeugung gegen Schädlinge und Krankheiten

- Entfernen Sie Fruchtmumien und Eigelege von Schädlingen.
- Bürsten Sie den Baumstamm kräftig ab, um am Stamm sitzende Schädlinge zu entfernen.

Ein Obstspalier ist eine schöne Möglichkeit, auch bei wenig Platz Früchte zu ernten.

Jetzt genießen

Rotkohlsalat mit Erbsenranken, gerösteten Walnüssen und Orangendressing

Mit den frisch geernteten Erbsenranken sorgt dieser knackige Wintersalat schon für die ersten Frühlingsgefühle. Das Orangendressing mit den gerösteten Walnüssen gibt dem Salat dazu noch eine fruchtige Note.

Für 4 Personen

½ **Kopf Rotkohl** – 1 **Handvoll Erbsenranken** – 1 **Orange** – 4 **EL Orangensaft bzw. Saft** ½ **Orange** – 1 **TL Honig** – 1 **TL Dijon Senf** – 1 **TL Olivenöl** – **Salz** – 80 **g Walnusshälften**

Zubereitung

- Den Rotkohl in eine große Schüssel hobeln. Die Erbsenranken waschen und vorsichtig abtrocknen.

- Orange filetieren: Um sie standfest zu machen, schneiden Sie oben und unten einen Deckel ab. Jetzt schneiden Sie von oben nach unten die Schale inklusive der weißen Haut weg, übrig bleibt nur das Fruchtfleisch. Nun können Sie die Filets von den Trennwänden vorsichtig mit dem Messer entfernen.
- Verquirlen Sie Orangensaft, Honig, Senf, Olivenöl und Salz für das Dressing und mischen Sie zwei Drittel davon unter den Rotkohl.
- Die Walnusshälften in einer Pfanne bei mittlerer Hitze rösten. Wenn sie leicht Farbe angenommen haben, herausnehmen, damit sie durch die Resthitze nicht anbrennen.
- Mischen Sie zwei Drittel der Orangenfilets und der Walnüsse unter den Rotkohl. Nun den Salat mit den restlichen Erbsensprossen, Orangenfilets und Nüssen dekorieren und mit dem restlichen Dressing beträufeln.

März

Die Tage werden länger und wärmer, der März erfreut uns mit den ersten Blüten.
Mit dem Vorfrühling und der richtigen Ausrüstung können wir beginnen, das erste
Gemüse des neuen Gartenjahres auch im Freiland zu ziehen.

Phänologische Beobachtungen

Pauschale Angaben für den richtigen Termin für Freiland-
Aussaaten zu machen, ist in Deutschland wegen der
unterschiedlichen Klimaverhältnisse nicht ganz einfach.
Ein Gärtner in Karlsruhe kann z. B. viel früher starten,
als ein Gärtner im Harz. Aber auch wenn einem das
eigene Klima vertraut ist, fällt jeder Winter ein bisschen
anders aus und so überlegen viele Hobbygärtner jedes
Jahr aufs Neue: »Kann ich es schon wagen, im Freiland
auszusäen?« Bei einer zu frühen Aussaat passiert nicht
viel: Die Samen können im kalten Boden verrotten, eine
Keimung findet dann nicht statt.

Phänologische Beobachtungen helfen uns dabei,
die Lage besser einzuschätzen. Sie befassen sich mit
den im Jahresablauf periodisch wiederkehrenden
Entwicklungen in der Natur, z. B. mit der Blütezeit von
bestimmten Pflanzen. Der Vorfrühling beginnt mit dem
Tag, an dem sich die Blüten der Schneeglöckchen
öffnen. Dies passiert, je nach Gegend, zwischen Ende
Februar und Ende März. Das Ende des Vorfrühlings
zeigen die Salweiden an: Wenn ihre Kätzchen pollen-
gelb sind und auch die Kornelkirschen blühen, liefert
die Frühlingssonne schon genug Wärme. Jetzt kann
man auch damit beginnen, die Beete einzuteilen und
vorzubereiten.

Selbst wenn die phänologischen Signale »auf Grün
stehen« kann es noch Fröste geben. Um im Freiland
erfolgreich ab März zu gärtnern, sind deshalb mobile
Folientunnel, Gärtner-Vlies oder ein Frühbeetkasten
nützlich.

Junge Spinat-Blätter sind auch als Salat schmackhaft.

Jetzt aussäen

Auf dem warmen Fensterbrett (mindestens 20 °C)

Gemüse und Kräuter

- Chilis
- Lauch
- Neuseeländer Spinat – in Multitopfplatten, später auspflanzen
- Paprika
- Sellerie: Lichtkeimer
- Tomaten
- Basilikum: ca. 10–15 Körnchen pro Topf, Lichtkeimer
- Koriander
- Majoran: Lichtkeimer
- Oregano
- Petersilie
- Thymian: Lichtkeimer

Obst

- Andenbeere

Auf dem kühlen Fensterbrett (12–16 °C)

Gemüse und Kräuter

- Asia-Salate: in Saatkistchen, später direkt daraus ernten, können nach der Keimung ins Frühbeet
- Blumenkohl
- Kohl
- Kohlrabi
- Rucola: in Saatkistchen und gleich daraus ernten oder in Multitopfplatten, danach auspflanzen
- Salate
- Dill: in Multitopfplatten, später auspflanzen
- Sauerampfer
- Schnittlauch
- Zitronenmelisse: Lichtkeimer

Im Frühbeet oder Folientunnel

Gemüse und Kräuter

- Frühe Palerbsen – z. B. 'Allerfrüheste Mai', 'Feltham First': in Multitopfplatten, später auspflanzen
- Feldsalat
- Mairüben, Teltower Rübchen: in Multitopfplatten, später auspflanzen
- Mangold
- Karotten
- Radieschen
- Rettich
- Spinat
- Kerbel
- Kresse

Freilandsaaten – zur Sicherheit danach mit Vlies bedecken

Gemüse und Kräuter

- Dicke Bohnen: zum späteren Ernten oder als Gründünger
- Feldsalat (nur in Gegenden mit mildem Klima)
- Lauchzwiebeln (nur in Gegenden mit mildem Klima)
- Karotten (nur in Gegenden mit mildem Klima)
- Palerbsen (nur in Gegenden mit mildem Klima)
- Pastinaken
- Radieschen
- Rettich
- Schwarzwurzeln
- Spinat (nur in Gegenden mit mildem Klima)
- Zwiebeln (Säzwiebeln)
- Borretsch: Direktsaat, lässt sich nicht gut verpflanzen

VERWIRRENDE LIEBESÄPFEL

Tomaten unterscheidet man nach Wuchsform:
Stab-Tomaten wachsen an einem dünnen unbegrenzt in die Höhe und brauchen eine Stütze. Wichtig ist, dass man die Seitentriebe auskneift (ausgeizt), sodass an einem Haupttrieb Tomaten in optimaler Größe heranreifen können. Bei Freilandtomaten kneift man die Spitze aus, wenn sich 5 Fruchtstände gebildet haben. Die Früchte einer Traube reifen nacheinander.
Busch- oder Strauchtomaten wachsen kompakter, werden maximal 1 m hoch und brauchen eine leichte Stütze. Ausgeizen ist hier nicht nötig. Die Pflanze stoppt ihr Wachstum nach circa 5 Blütentrauben, alle Früchte einer Traube reifen gleichzeitig.
Eine Tomaten-Regel: Je kleiner die Früchte, desto schneller reifen sie. Kleinfrüchtige Sorten eignen sich also besser für Schlechtwetter-Gegenden.

Selbst gezogene Tomaten schmecken unübertroffen.

KUNTERBUNTE BLATTSALATE

Für mehr Geschmack in der Salatschüssel können Sie neben Rucola und Asia-Salaten auch junge Blättchen von anderem Gemüse verwenden, z.B. von Rote Bete, Mangold und Spinat. Triebspitzen von Erbsen-Pflanzen eignen sich ebenfalls. Probieren Sie auch einmal einheimische Wildgemüse wie Löffelkraut.
Eine neue Entwicklung sind Micro-Greens, die man auf Salate und Speisen streuen kann. Im Gegensatz zu Sprossen, die man als Keimlinge »erntet«, lässt man hier die Sämlinge wachsen bis sie 2 – 3 Blätter haben und schneidet sie dann ab. Typisch für diese Sämlinge ist der kräftige Geschmack. Hierfür eignen sich Basilikum, Rote Bete (vorwiegend rotlaubige wegen der schönen Farbe), Brokkoli, Koriander, Grünkohl, Radieschen. Die Anzucht ist das ganze Jahr über in Saatkistchen möglich. Deshalb eignet sich diese Methode auch gut im Haus und auf Balkonen.

Asia-Salate: eine Mischung aus japanischen Kohlgewächsen.

Jetzt pflanzen

Im Frühbeet

- Kohlrabi
- Kopfsalat
- Schnittsalat

- Schnittsalat
- Steckzwiebeln
- Einheimische Kräuter wie Schnittlauch, Minze, Zitronenmelisse, Liebstöckel, Sauerampfer und Pimpinelle

Im Freiland bei günstiger Witterung – ggf. mit Folie/Vlies bedecken

Gemüse und Kräuter
- Knoblauch
- Kohlrabi
- Kopfsalat
- Schalotten

Wenn der Boden schon tiefgründig aufgetaut ist

- Obststräucher/Obstbäume
- Grünspargel
- Meerrettich
- Rhabarber
- Frühkartoffeln

Pflanzen Sie jetzt Himbeeren. Mit frühen und späten Sorten kann man bis in den Herbst ernten.

Sehr edel, dafür aber auch etwas kostspielig sind viktorianische Glashauben.

Jetzt pflegen

Allgemeine Check-Liste

- Offenen Boden lockern, Unkraut entfernen.
- Kompost und Bodenverbesserungsmittel oberflächlich einarbeiten, dabei auch überwinterten Gründünger einarbeiten oder abräumen und kompostieren.
- Dauerhafte Pflanzungen wie Obstgehölze, Spargel oder Erdbeeren mit halb verrottetem Kompost mulchen – schafft auch Platz auf dem Komposthaufen.
- Beete, die erst später im Jahr genutzt werden, mit Gründünger einsäen, z.B. Dicke Bohnen (siehe Seite 86).
- Gewächshaus und Frühbeetkasten an warmen Tagen lüften, sonst wird die Luftfeuchtigkeit zu hoch – aber am frühen Nachmittag wieder schließen.
- Strohmatten oder anderes Material für Frühbeetkästen bereithalten, falls noch starke Fröste kommen sollten.

Gemüse

- Kartoffeln vorkeimen: bei ca. 10 °C.
- Spargel: bereits bestehende Beete mit Kompost mulchen. Für Neuanlagen Beete tiefgründig bearbeiten und alle Wurzelunkräuter entfernen. Die Beete sollten vorbereitet sein, bevor der Spargel gepflanzt wird – dann muss es schnell gehen, weil die Wurzelstöcke leicht austrocknen.

Kräuter

- Bei günstiger Witterung können einheimische Kräuter wie Schnittlauch, Minze, Zitronenmelisse, Liebstöckel, Sauerampfer und Pimpinelle schon geteilt und neu gepflanzt werden.

Obst

- Obstgehölzschnitt diesen Monat abschließen!
- Obstgehölze sollte man alle zwei Jahre düngen: Organische Düngemittel wie beispielsweise Mistkompost, Guano, Horn- und Knochenmehl, eventuell auch Gesteinsmehl und Kalk vorsichtig auf der Baumscheibe einarbeiten.
- Obstgehölze bei Trockenheit jetzt schon gießen.
- Wenn Ende des Dauerfrosts absehbar, Wein, Pfirsich und Aprikosen, Kiwi, Himbeeren und Brombeeren pflanzen.
- Erdbeeren flach hacken und jäten, krankes Laub entfernen.
- Rhabarber – vorgetriebene Pflanzen: wenn die Hälfte der Stängel abgeerntet ist, Pflanze nicht mehr bedecken und nicht mehr ernten. Mit Kompost versorgen und sich dem ungetriebenen Rhabarber zuwenden.

Himbeeren brauchen als Stütze nur ein einfaches Gerüst aus Holz und Draht.

KOMPOST

Ein richtig aufgesetzter Komposthaufen riecht weder übel, noch zieht er Ungeziefer an. Der ideale Platz ist im Halbschatten und mit genügend Platz darum herum, um ihn bequem umsetzen zu können. Sie können für Ihren Kompost Behälter besorgen oder ihn in einer Ecke als Miete aufschichten. Es ist in jedem Fall günstig, ihn mit Plastikplanen oder Pappen abzudecken, damit Regen nicht die Nährstoffe ausschwemmt.

Kompostbehälter

Behältnisse, die sich vorne komplett öffnen lassen, erleichtern das Umsetzen. Es gibt hölzerne Behälter und Plastiktonnen mit Deckel. Letztere sind praktisch für kleine Gärten, sehen am »saubersten« aus, sind aber weniger luftdurchlässig und müssen öfter umgesetzt werden. Jeder Behälter sollte auf einer ungepflasterten Fläche stehen, damit Regenwürmer und Mikroorganismen vom Boden in das Material kriechen können.

Aufschichten

Das Prinzip: Gleichmäßigkeit und eine gute Mischung. Mischen Sie trockene mit feuchten Materialien. Lockern Sie sehr feuchte Küchenabfälle mit Zeitungs- oder Küchenpapier auf. Haben Sie keine verschiedenen Materialien zur Hand, können Sie den Komposthaufen lagenweise befüllen und immer wieder gut mit einer Grabegabel »durchrühren«. Wenn der Kompost in heißen Sommern zu trocken wird, hilft Gießen.

Gut geeignete Materialien

»Grüne« Materialien, frisch und feucht, liefern Stickstoff:

- Gemüseabfälle aus Beet und Küche sollten frei von Krankheitserregern sein; hacken Sie größere Teile wie Kohlstrünke klein.
- Unkraut, Blumen- und Staudenreste: ohne Samen oder Wurzeln.
- Obstschalen: mit trockenem Material oder Erde mischen und bedecken.
- Gebrauchte Kaffeefilter, Teebeutel: beliebt bei Regenwürmern.
- Rasenschnitt: mit anderen Materialien mischen; nicht auf den Kompost geben, falls der Rasen chemisch behandelt wurde.
- Pferde- und Rindermist, vorzugsweise vom Biobauern: mindestens 6 Monate gesondert lagern, bevor Sie ihn zwischen vorhandenes Material mischen.

»Braune«, trockene Materialien, reich an Kohlenstoff, sorgen für die Krümelstruktur:

- Gehölzschnitt: auf ca. 10 cm Länge zuschneiden oder häckseln.
- Eierschalen: Kalklieferant, verrotten langsam, deshalb zerkleinern.
- Holzasche: sehr kaliumreich; nur in kleinen Portionen.
- Papier und Pappe (kein Hochglanz, keine Farbdrucke): eignen sich zum Aufsaugen von Feuchtigkeit. Gerissen, geschreddert oder geknüllt zugeben.
- Kleintierstreu, Stroh, Heu oder Sägemehl: Mit grünem Material mischen.

Nicht geeignet

- Unkräuter mit Samenständen oder Wurzeln von Unkräutern.
- Pflanzenteile mit Pilz- oder Bakterienkrankheiten oder Viren.
- Pflanzenteile mit Schädlingen.
- Gekochte Lebensmittel, Fleisch und Fisch locken Ratten an.
- Chemisch Behandeltes
- Laub von Bäumen stark befahrener Straßen. Schwer verrottendes Laub (Eiche, Walnuss) nicht oder nur zerkleinert zugeben.

Den Kompost umsetzen

Sie beschleunigen den Vorgang der Rotte, indem Sie mehr und weniger verrottete Materialien neu mischen und Luft in den Kompost bringen. Kompost entsteht aber auch von selbst, es dauert nur länger. Wenn Sie den Haufen öfter umsetzen, ist der Kompost schon nach 6 – 8 Monaten fertig, statt nach 1 – 2 Jahren.

Jetzt genießen

Rhabarberkuchen mit Vanillecreme und Baiser

Rhabarber ist die erste Frucht, die im Gartenjahr heran-reift. Manch enthusiastischer Gärtner pflanzt mehrere Stauden und fragt sich nachher, was mit so viel Rhabarber anzufangen ist. Geschält, in ca. 5 cm lange Stücke geschnitten lässt sich Rhabarber prima einfrieren – oder Sie bereiten gleich diesen leckeren Kuchen zu.

Zutaten

1 Mürbteig für eine Form von ca. 25 cm, selbst-gemacht oder gekauft – 750 g Rhabarber – 250 ml Sahne – 2 Eigelb – 1 EL Speisestärke – 100 g feiner Zucker – Mark von ½ Vanilleschote – 2 Eiweiß – 100 g Puderzucker

Zubereitung

■ Ofen auf 180 °C vorheizen.
■ Mürbteig auf 0,5 cm ausrollen, in eine gefettete runde Backform mit ca. 25 cm Durchmesser auslegen und 20 Minuten blind in der Mitte des Ofens backen, bis er goldbraun ist. Abkühlen lassen.
■ Rhabarber schälen und in 5 cm große Stücke schneiden. In einem Topf mit Wasser (nur so viel, dass es den Boden bedeckt) sanft zu Kompott köcheln.
■ In einem anderen Topf Sahne, Eigelb, Speisestärke, Zucker und Vanillemark bei niedriger Hitze mit einem Schneebesen ständig rühren, bis alles eine dicke, cremige Masse ergibt. Vom Herd nehmen und den Rhabarber unterheben.
■ Baiser: Eiweiß mit Puderzucker steif schlagen.
■ Den erkalteten Kuchenboden mit der Frucht-Vanille-Masse füllen. Löffelweise mit der Baisermasse bedecken und für ein paar Minuten in den vorgeheizten Ofen geben. Sobald sich die Baiserspitzen goldbraun färben, herausnehmen und abkühlen lassen.

HERBERGE FÜR NÜTZLINGE: EIN INSEKTENHOTEL

Viele Insekten wie Marienkäfer, Florfliegen und Schwebfliegen sind willkommene Gäste im Garten, da sie und ihre Larven sich über ungebetene Besucher wie Blattläuse hermachen. In der freien Natur leben sie z. B. in alten, absterbenden Bäumen. Je bebauter und aufgeräumter viele Gärten werden, desto weniger Schlupfwinkel und Lebensraum gibt es für die Tiere. Deshalb lohnt es sich, diesen nützlichen Insekten schon im Frühjahr einen Unterschlupf anzubieten, damit sie die Schädlinge während des Sommers in Schach halten. Den Nützlingen ist die neue Unterkunft auch für die Überwinterung hilfreich.

Man braucht für ein Insektenhotel keinen großen Garten, auch Terrassen- und Balkongärtner können von ihm profitieren. Wenn Sie attraktive Kräuter wie z. B. Lavendel, Salbei

oder Zitronenmelisse in die Nähe pflanzen, bieten Sie den Tieren nicht nur das Hotel, sondern außerdem ein Restaurant dazu.

Der Bau eines Insektenhotels

Im Prinzip kann man alle Arten von Naturmaterialien für den Bau von Insektenhotels verwenden, vor allem hohle Stöckchen wie z. B. von Holunder, Bambus oder Schilf. Auch gelochte Ziegelsteine eignen sich. Wenn die kleinen Bauwerke frei aufgestellt werden, sollte die Rückseite mit Lehm abgedichtet werden – oder Sie befestigen Ihre Insektenhotels an einer Wand.

Mit dieser Anleitung zeigen wir Ihnen, wie man eine ganz einfache Ausführung baut, aber selbstverständlich sind der Phantasie und der Fingerfertigkeit hier keine Grenzen gesetzt. Bambus ist nicht durchgehend hohl, an den jeweiligen Blattknoten sind die Stängel verschlossen. Deshalb müssen die Stängel am Ende nicht mit Lehm abgedichtet werden.

Sie brauchen:
- Holzsäge
- Hammer
- 10–15 Bambusstäbe
- Gartendraht
- 2 Holzbrettchen, ca. 15 × 10 cm
- 4 Nägel
- Holzleim
- Schnur oder Draht für die Aufhängung

1 Sägen Sie die Bambusstäbe in 13 cm lange Stücke. Legen Sie diese in einer Reihe aus und winden Sie den Draht einmal um jedes Ende der Bambusstäbe. Dies ist wichtig, damit die Stäbchen zusammenhalten, andernfalls fallen sie schnell aus dem Bündel heraus. Rollen sie die verbundenen Stäbchen dicht zusammen und wickeln Sie noch ein Stück Draht zur Sicherung darum.

2 Für das Dach nageln Sie die beiden Holzbrettchen im rechten Winkel zusammen. Kleben Sie das Bambus-Bündel mit Holzleim am Dach fest und zwar so, dass dieses jeweils einen Zentimeter übersteht.

3 Zur Sicherheit empfiehlt es sich, das ganze Bauwerk noch mehrmals mit Draht zu umwickeln, daraus kann man dann auch eine Öse zum Aufhängen biegen. Befestigen Sie das Insektenhotel an einem sonnigen, nach Süden oder Südwesten ausgerichteten Platz, mindestens 30 cm über dem Boden. Zusätzlich sollte es vor Wind und Regen geschützt sein. Richten Sie es vorsichtshalber leicht nach vorne aus, damit eventuell doch eindringendes Regenwasser gleich ablaufen kann.

Hätten Sie's gewusst? Dies ist ein Marienkäfer-Teenager.

Ein selbst gebautes Insektenhotel lockt willkommene Gäste an: Nützliche Insekten wie z.B. Schwebfliegen und ihre Larven ziehen hier gerne ein und halten Schädlinge in Ihrem Garten in Schach.

Jetzt kreativ werden

Flechten Sie einen Weiden-Wigwam

Weiden sind ein flexibles, natürliches Material, aus dem Sie einen wunderbaren Wigwam für Ihre Kletterpflanzen bauen können. Es gibt lebende und tote Weidenruten. Lebende Weidenruten sind frisch geschnitten und treiben Wurzeln, sobald sie wieder in die Erde gesteckt werden. Tote Weidenruten eignen sich gut zum Flechten, da die Ruten nicht noch mal ausschlagen. Man muss sie vor Gebrauch einweichen, damit sie wieder flexibel werden (fragen Sie Ihren Händler nach genauen Einweichzeiten). Idealerweise kauft man schon eingeweichte Weiden.

Sie brauchen:
- 8 starke Weidenäste für das Gerüst
- 17–21 dünne, flexible Weidenruten, je 2 m lang
- Topf mit 45 cm Durchmesser
- Erde
- Schnur
- Schere, Gartenschere

Einen Wigwam für Kletterpflanzen zu bauen, ist ein befriedigendes und einfaches Projekt.

1 Den Topf mit Erde füllen. Er hält die starken Äste während des Flechtens in Position. Stecken Sie die Weidenäste in gleichem Abstand am Rand entlang in den Topf, mindestens 20 cm tief. Der fertige Wigwam wird später genauso tief in die Erde gesteckt. Weidenäste sind im Normalfall leicht gebogen. Nutzen Sie dies, indem Sie die Äste so in den Topf stecken, dass die natürliche Biegung nach außen zeigt. So wird es einfacher, die Äste in der oberen Hälfte zusammenzubinden.

2 Zum Flechten nehmen Sie zwei gleichlange Weidenruten und fangen unten an, sie vor und hinter die starken Äste zu flechten. Hierbei werden beide Ruten auch ineinander verflochten, dabei die Rute, die von hinten kommt, vor dem Weiterflechten immer unter die vordere Rute legen. Am Ende angekommen, lassen Sie 2 cm herausstehen, diese werden erst später abgeschnitten. Wählen Sie zwei weitere gleichlange Ruten und beginnen Sie mit dem Flechten ungefähr 5 cm vor dem Ende der letzten zwei Ruten. Das Ganze wird noch mindestens zwei Mal wiederholt und bildet das Basisband.

3 Das zweite Band wird weiter oben geflochten. Vorher die Schnur entfernen und die starken Äste weiter oben festbinden. Wiederholen Sie den Flechtvorgang in der Mitte drei Mal. Treten Sie von Zeit zu Zeit einen Schritt zurück und prüfen Sie, ob das Flechtwerk gleichmäßig ist.

4 Vor dem Beginn des dritten und letzten Bandes wickeln Sie eine der Ruten oben um die starken Äste einige Male herum und machen einen Knoten. Dieser hält Ihren Wigwam am Ende zusammen. Flechten Sie nun das letzte Band, das aus zwei Reihen besteht.

5 Wenn alles verflochten wurde, abstehende Enden an der Seite abschneiden, den Wigwam sachte aus dem Topf nehmen und an seinem Standort platzieren. Nun können Sie ihn mit Kletterpflanzen bepflanzen.

Sie können die Gestaltung des Wigwams auch variieren, indem Sie z. B. weitere Reihen dazu flechten oder die Bänder mit einer diagonal geflochtenen Reihe verbinden.

April

Der Frühling ist da und im Selbstversorger-Garten herrscht Hochbetrieb: Sämlinge warten darauf, pikiert oder ausgepflanzt zu werden, es gibt immer noch viel auszusäen und darüber hinaus lockt der Fachhandel jedes Jahr mit neuen, interessanten Pflanzen.

Jetzt kommt der Frühling groß raus

April, April, er weiß nicht was er will … dies gilt für allem für die große Temperaturspanne, die uns dieser Monat bieten kann und die den Gärtner öfter mal ins Schleudern bringt. In kühleren Gegenden Deutschlands kann es Mitte April durchaus noch einzelne Schneefälle geben – während es andernorts schon wunderbar warm wird, wobei in den letzten Jahren durchaus sommerliche Temperaturen erreicht wurden. Sollten Temperatur-Ausreißer nach unten erwartet werden, empfiehlt es sich, Gärtner-Vlies zur Hand zu haben, um Beete oder auch die Blüten kleinerer Obstbäume vor Nachtfrösten zu schützen.

Ab Mitte April kann kälteempfindliches Gemüse wie Gurken, Zucchini, Mais und Kürbisse im Haus vorgezogen werden um ihnen einen Vorsprung zu verschaffen. Dies ist allerdings nur sinnvoll, wenn genügend Raum mit viel Licht für diese Pflanzen vorhanden ist. Falls nicht, ist dies kein Problem: Diese Pflanzen können dann immer noch, nach den Eisheiligen im Mai, direkt im Garten ausgesät werden.

Beim Ziehen von Gemüse wie Salat oder Kohlrabi gilt: Es ist praktischer, kleinere Mengen im 2 – 4 wöchentlichen Rhythmus auszusäen. So vermeidet man Gemüseschwemmen und kann das Jahr hindurch gleichmäßige Mengen ernten.

Probieren Sie bei Kartoffeln einmal neue Varianten. Sie haben die Qual der Wahl zwischen fest- und mehlig-kochenden, historischen und neuen, krankheitsresistenten Sorten. Oder verblüffen Sie Ihre Gäste im Herbst doch mal mit blauem Kartoffelpüree, gekocht aus der Sorte 'Blauer Schwede'.

Junge Keimlinge von Radieschen

Jetzt aussäen

Auf dem warmen Fensterbrett (mind. 20 °C)

Gemüse

- Bohnen: Stangen- und Prunkbohnen, zwei Stück in kleine Plastiktöpfchen, 2 cm tief
- Gurken: über Nacht einweichen, auf der Kantenseite 2 cm tief pflanzen, am besten in Jiffies (kleine, runde Torfpresslinge, die direkt aus der Anzucht in größere Behältnisse umgesetzt werden können)
- Knollenfenchel, schossfeste Sorten wie z. B. 'Zefa Fino' oder 'Selma'
- Kürbisse: auf der Kantenseite 2 cm tief pflanzen
- Lauch, späte Sorten (z. B. Elefant, Blaugrüner Winter)
- Melonen: über Nacht einweichen, auf der Kantenseite 2 cm tief pflanzen, am besten in Jiffies
- Neuseeländer Spinat: in Multitopfplatten, später auspflanzen
- Tomaten: letzte Gelegenheit, Anfang April
- Zucchini: auf der Kantenseite 2 cm tief pflanzen
- Zuckermais: in kleine Töpfchen oder Multitopfplatten

Kräuter

- Basilikum: ca. 10 – 15 Körnchen pro Topf, Lichtkeimer
- Gewürz-Tagetes
- Kapuzinerkresse
- Koriander: 10 – 15 Körnchen pro Topf, stets feucht halten um späteres Schießen zu vermeiden
- Majoran, Lichtkeimer
- Petersilie

Auf dem kühlen Fensterbrett (12 – 16 °C) oder im Frühbeetkasten

Im April können bei Sonnenschein im Frühbeet schon recht hohe Temperaturen herrschen, deshalb haben wir beide Kategorien hier zusammengefasst – wählen Sie je nach Platzverhältnissen.

Gemüse und Kräuter

- Asia-Salate: in Saatkistchen, später daraus ernten
- Blumenkohl
- Brokkoli
- Kohlrabi
- Kopf- und Pflücksalate, Sommer-Sorten
- Rotkohl, Rosenkohl, Weißkohl
- Wirsing
- Sauerampfer
- Zitronenmelisse: Lichtkeimer

Im Freiland

Das Garten-Vlies sollte immer noch griffbereit liegen.

Gemüse und Kräuter

- Dicke Bohnen
- Alle Erbsen-Arten
- Karotten
- Lauchzwiebeln
- Mairüben, Teltower Rübchen
- Mangold
- Radieschen
- Rettich
- Rosenkohl, frühe Sorten
- Rote Bete: ab Ende des Monats
- Rucola
- Spinat
- Zwiebelgewächse
- Borretsch
- Dill
- Kerbel
- Kresse
- Kümmel
- Petersilie: im Freiland aber wesentlich langsamer
- Ringelblumen (für Mischkultur)
- Schnittlauch
- Winterheckenzwiebel

VEGETATIVE VERMEHRUNG

Vegetative Vermehrung ist die einzige Methode, bei der man aus einer Pflanze mehrere mit dem gleichen genetischen Material gewinnen kann. Manche Sorten von Pflanzen kann man nur vegetativ vermehren, weil es sich bei ihnen um Hybriden handelt, deren Samen keine identischen Nachkommen hervorbringen.

Teilung

Mehrjährige Kräuter wie z.B. Schnittlauch, Thymian oder Minze kann man so vermehren und auch verjüngen: Graben Sie die Pflanze aus bzw. nehmen Sie sie aus dem Topf. Teilen Sie den Wurzelballen mit einem scharfen Messer in faustgroße Stücke, danach können sie neu gepflanzt werden. Gut angießen! Die ideale Zeit dafür: April oder September.

Bei Artischocken kann man Kindel abnehmen, also Seitentriebe. Hier trennt man mit einem Spaten Teilstücke von der Mutterpflanze ab, die mindestens zwei Triebe mit Blättern und kräftige Wurzeln haben sollten.

Stecklinge

Von vielen krautigen Pflanzen kann man Stecklinge schneiden, was sich im Gemüsegarten bei mehrjährigen Pflanzen wie Salbei, Lavendel oder Rosmarin lohnt. Dies macht man am besten von April bis Juni:

- Suchen Sie sich einen Trieb ohne Blüte aus, ca. 5 – 8 cm lang bzw. mit 3 – 4 Blattpaaren.
- Schneiden Sie ihn direkt unterhalb eines Blattknotens, entfernen Sie die Blätter, die sich direkt am Blattknoten befinden.
- Stecken Sie drei Stecklinge in

einen kleinen Topf mit Aussaaterde und stülpen Sie eine durchsichtige Plastiktüte darüber (evtl. mit Gummiband befestigen).

- Lüften Sie diese regelmäßig, um Schimmelbildung zu vermeiden.
- Nach 3 – 6 Wochen können Sie überprüfen, ob die Stecklinge Wurzeln gebildet haben: Ziehen Sie sanft am Steckling – spüren Sie einen Widerstand, hat es geklappt. Nun können Sie die Plastikhaube abnehmen.

Ausläufer

Erdbeeren vermehrt man, indem man von den Ausläufern, die die Pflanze bildet, 2 – 3 schöne aussucht und neu einpflanzt, nachdem sie bereits am alten Ort Wurzeln geschlagen haben. Näheres dazu auf Seite 77.

Schneiden Sie direkt unter dem Blattknoten.

Stecken Sie die Stecklinge in Aussaaterde.

Jetzt pflanzen

Im Freiland

Gemüse
- Blumenkohl
- Brokkoli
- Dicke Bohnen: in Multitopfplatten vorgezogen
- Erbsen: in Multitopfplatten vorgezogen
- Kartoffeln
- Knoblauch stecken (falls bisher zu kalt)
- Kohl, Sommer-Sorten
- Kohlrabi
- Mangold
- Salate
- Grüner Spargel
- Zwiebeln: Steckzwiebeln

Kräuter
- Alle Kräuter, außer Basilikum und Koriander, diese erst im Mai
- Rosmarin: aus dem Winterquartier holen, im Topf einsenken
- Lorbeer: aus dem Winterquartier holen, abhärten
- Meerrettich

Obst
- alle Obstgehölze, jetzt auch kälteempfindliche Arten wie Aprikosen, Kiwi, Pfirsiche, Wein
- Rhabarber
- Weinreben

Vorgezogene Erbsen werden vorsichtig ausgepflanzt.

GEMÜSE IN TÖPFEN

Viele Gemüsesorten können auch in Kästen, Kübeln und Töpfen gezogen werden. Das heißt, man ist nicht auf Beetflächen angewiesen, um sich mit frischem Gemüse zu versorgen. Wichtig ist hier nur tägliches Gießen, da Pflanzen in Kübeln schneller austrocknen. Deshalb ist es praktisch, das Topfgemüse in Haus-Nähe aufzustellen. Hierfür können Sie Gefäße aller Art verwenden, vorausgesetzt sie haben Abzugslöcher.

- Flache Kisten und Kästen (8–15 cm hoch) eignen sich für: Asia-Salate, Micro-Greens, Blatt- und Kopfsalate, Spinat, Rucola, Radieschen, Baby-Spinat.
- Container mit mittlerer Tiefe (ca. 20–50 cm) sind geeignet für: Rote Bete, Kohlrabi, Buschbohnen, Mangold, Karotten, Pak Choi, Erdbeeren.
- In großen Töpfen mit mindestens 10 l Erde: Tomaten, Paprika, Chilis, Stangenbohnen, Zucchini, Gurken, Kartoffeln, kleine Obstbäume, Johannisbeeren, Heidelbeeren.

Karotten im Topf zu ziehen, klingt ungewöhnlich, ist aber machbar, nicht nur für Balkongärtner. Probieren Sie es aus, wenn es in Ihrem Garten Probleme mit der Karottenfliege gibt. Stellen Sie den Topf etwas erhöht auf. Da Karottenfliegen sich normalerweise nicht über 45 cm über dem Erdboden aufhalten, werden sie die Karotten im Topf nicht wahrnehmen. Auch bei steinigen Böden ist dies eine Alternative, an frische Babymöhrchen zu kommen.

Kartoffeln in Containern

Verwenden Sie ein großes Behältnis mit mindestens 45 cm Durchmesser. Füllen Sie es Anfang April zur Hälfte mit guter Gartenerde und legen Sie eine Saatkartoffel hinein. Wenn das Laub ca. 10 cm hoch ist, bedecken Sie die Pflanze sanft mit Erde, sodass das Laub gerade eben darunter verschwindet. Wiederholen Sie diesen Vorgang so lange, bis der Topf randvoll ist. Wenn die Kartoffel-Triebe im Herbst absterben, stürzen Sie den Container einfach um und genießen 1–2 Kartoffel-Mahlzeiten.

Babymöhrchen im Topf – für die Karottenfliege unerreichbar.

Pflücksalat und Kräuter wachsen ohne Probleme in Blumenkästen. So können Sie auch vom Fensterbrett täglich ernten.

MIT KINDERN GÄRTNERN

Manche Gärtner sind der Meinung, dass vernünftiges Gärtnern mit Kindern nicht möglich sei. Wir haben allerdings hervorragende Erfahrungen mit Kindern aller Altersstufen gemacht, vom Kleinkind bis zum Teenager.

Unsere Tipps

Lassen Sie Kinder alles machen – natürlich unter Ihrer Aufsicht und mit Ihrer Hilfe. Wenn Sie nur zuschauen dürfen, langweilen sich Kinder schnell. Sie schaffen ziemlich das Gleiche wie Erwachsene – nur nicht so ausdauernd und mit eventuell weniger perfektem Resultat.

Kurze Arbeitseinheiten: Orientieren Sie sich an den Kindern, nicht an der Aufgabe. Überlegen Sie, wie lange Ihre Kinder Freude an der Arbeit haben werden (dies hängt natürlich von der individuellen Aufmerksamkeitsspanne ab) und planen Sie entsprechend. Idealerweise beenden Sie den jeweiligen Job gemeinsam und geben nicht nach der Hälfte der Zeit auf – dafür darf die Aufgabe natürlich nicht zu groß sein.

Geeignetes Saatgut – je größer, desto besser: Erbsen, Bohnen, Spinat oder Steckzwiebelchen eignen sich hervorragend für kleine Kinderhände. Ein weiteres Kriterium sind die Kosten. Eine Tüte Spinat ist günstig und enthält mehrere Hundert Samenkörner, da macht es nicht viel aus, wenn mal welche herunterfallen.

Je nach Geschicklichkeit Ihrer Kinder kann es eine gute Idee sein, mehr auszusäen: Wenn Sie darauf vorbereitet sind, dass Sämlinge herunterfallen, zerquetscht oder zertrampelt werden könnten und Ersatz vorhanden ist, können Sie entspannt weitergärtnern.

Ermutigung: Kinder arbeiten eher selten gleichmäßig und gerade. Entweder ist Ihnen das egal, oder Sie rücken krumme Reihen etwas gerader, wenn Ihre Kinder dies nicht sehen. Sollte eine Pflanze buchstäblich »zu Tode gepflanzt« werden, erklären Sie dem Kind freundlich, wie es besser gehen würde – oder ersetzen Sie die Pflanze diskret, falls der Gärtner zu klein für eine Erklärung oder (noch) nicht kritikfähig genug ist.

Ihr wichtigstes Arbeitsutensil: Gelassenheit! Die Aktivitäten mit Kindern dauern etwas länger. Nehmen Sie die Dinge, wie sie kommen. Sollte Ihr Kind plötzlich von einem Wurm fasziniert sein, nehmen Sie sich die Zeit, schauen Sie ihn sich zusammen genau an, staunen und reden Sie darüber.

Ernten und essen: Ernten Sie zusammen mit den Kindern und ermutigen Sie sie, Gartenprodukte zu probieren, die sie noch nie gegessen haben. Wichtig ist dabei, dass Sie selbst vorgefasste Meinungen vermeiden. Auf wundersame Weise spürt ein Kind, wenn man denkt: »Ach, das mag er ja sowieso nicht«. Wenn Kinder am Wachstumsprozess beteiligt waren, sind sie oft viel eher bereit, die Ernte auch zu essen. Dies ist die cleverste Methode, Kinder zum Essen von Gemüse und Obst zu bewegen.

Das Ernten macht Kindern immer am meisten Spaß.

Jetzt pflegen

Allgemeine Check-Liste

- Beete anlegen und mit Kompost versorgen.
- Unkraut hacken: Wenn Sie Unkraut entfernen, bevor es die Chance hat zu blühen oder sich gar zu versamen, ist schon viel gewonnen. Das Gleiche gilt für Wurzelunkräuter wie Quecke und Giersch – entfernen Sie diese gleich zu Beginn der Vegetationsperiode sorgfältig, sonst kann sich aus jedem Wurzelstückchen eine neue Pflanze entwickeln.
- Schnecken bekämpfen: Auch hier gilt die Devise »Wehret den Anfängen«. Fangen Sie gleich damit an. Idealerweise verhindert man so, dass sich die erste Schnecken-Generation massenhaft vermehrt. Zur Wahl der Methoden: Eisenphosphathaltiges Schneckenkorn ist relativ effektiv und schadet weder Haustieren noch Nützlingen. Zusätzliche abendliche Gänge durch den Garten, bei denen man alle Schlupfwinkel überprüft, Töpfe, Steine etc. hochhebt und Schnecken absammelt, sind noch effektiver. Irritierende Details des Schnecken-Tötens, die gerne unter Gärtnern ausgetauscht werden, ersparen wir Ihnen hier. Ein einfacher Trick ist übrigens auch, am Morgen zu gießen: Dann sind die Pflanzen bis zum Abend abgetrocknet und den Schnecken fällt die Fortbewegung zwischen Ihren Pflanzen schwerer.
- Gärtner-Vlies oder mobile Folientunnel für kalte Nächte bereithalten.

Gemüse

- Pflanzen aus Saatkistchen pikieren.
- Tomaten: Pflanzen topfen, wenn sie 8–10 cm groß sind, weiter auf dem warmen Fensterbrett lassen.
- Sämlinge abhärten: Bringen Sie an warmen Tagen Pflänzchen vom Fensterbrett nach draußen, dort können sie für einige Stunden Frischluft schnuppern

Vorgekeimte Kartoffeln werden gelegt. Mit Kompost und etwas Steinmehl in den Furchen wachsen sie besonders gut.

Wenn Sie jetzt Weißkohl pflanzen, können Sie die ersten Köpfe schon im Juli ernten.

und sind so besser für das spätere Auspflanzen vorbereitet. Bitte nicht in die pralle Sonne, sondern in leichten Schatten stellen – oder warme, bedeckte Tage dafür wählen.

■ Erbsen im Beet: stützen, z. B. mit Reisig.

■ Schutz gegen Gemüsefliegen: Sollten Sie in vorangegangenen Jahren Probleme mit Maden beim Anbau von Karotten, Radieschen, Rettich oder Lauch gehabt haben, bedecken Sie diese Pflanzen gleich nach der Aussaat mit feinmaschigem Polyethylengewebe, das für diesen Zweck im Fachhandel erhältlich ist. So werden Kohl-, Karotten- und Zwiebelfliegen ferngehalten. Das Netz ist wasser- und lichtdurchlässig und sollte locker aufgelegt oder über die Bügel eines mobilen Folientunnels verlegt werden. Graben Sie das Netz an den Beeträndern rundum ein, so sollten auch Schnecken ferngehalten werden. Das Netz soll bis zur Ernte über dem Beet bleiben, deshalb nach dem Hacken oder Jäten die Ränder wieder sorgfältig eingraben.

Kräuter

■ Mehrjährige Kräuter: z. B. Schnittlauch, Thymian, Zitronenmelisse können jetzt durch Teilung vermehrt werden.

■ Salbei und Thymian: leichter Rückschnitt sorgt für kompakte Sträuchlein.

■ Kräuter-Einfassungen anlegen: Statt Buchsbaum eignen sich auch Kräuter wie Lavendel oder Bergbohnenkraut als Beeteinfassung im klassischen Stil. Zwischen Buchs verstecken sich gerne Schnecken,

Zwischen Pastinaken, die bis November im Beet sitzen werden, wachsen Karotten, um den Platz optimal zu nutzen.

die dann in der Dämmerung in die Beete kriechen und sich am Gemüse gütlich tun. Zwischen Kräutern fühlen sie sich weniger wohl.

Obst

- Nützlinge anlocken, die Obstbaum-Schädlinge in Schach halten: Säen Sie Dolden- oder Korbblütler wie Ringelblumen in der Nähe Ihrer Bäume oder hängen Sie Insektenhotels auf (siehe Seite 40).
- Blütenstecher bei Apfel, Himbeere, Erdbeere: Einen Befall erkennt man an bräunlichen, umgeknickten und ungeöffneten Blüten – wo möglich, entfernen Sie diese Blüten, damit sich der Schädling nicht verbreitet.
- Brombeeren: Ranken unter Kontrolle halten; am Rankgerüst befestigen, erleichtert später die Ernte.
- Himbeeren vermehren: unerwünschte Ausläufer zurückschneiden, mit dem Spaten ausstechen und verpflanzen. Gut angießen nicht vergessen.
- Rhabarber, vorgetriebene Pflanzen: Wenn die Hälfte der Stängel abgeerntet ist, Pflanze nicht mehr bedecken und nicht mehr ernten. Mit Kompost versorgen und sich dem ungetriebenen Rhabarber widmen.

SPRITZMITTEL IM BIOGARTEN

Trotz Vorbeugungsmaßnahmen können sich Schädlinge in Ihrem Garten breitmachen. Den meisten von ihnen können Sie mit pflanzlichen Präparaten auf Neem- oder Pyrethrum-Basis zu Leibe rücken.
Bei Pilzkrankheiten sieht es etwas anders aus. Bei suboptimalen Wachstumsbedingungen wird man z.B. mit Mehltau und Krautfäule konfrontiert. Schneiden Sie befallene Blätter bei den ersten Anzeichen sofort ab, um eine Weiterverbreitung zu verhindern bzw. verzögern. Sie können die Pflanzen auch vorbeugend mit Kräutertees spritzen, die eine stärkende Wirkung haben (siehe Seite 74). Bei zu starkem Befall sollte man sich besser von der Pflanze trennen, als die chemische Keule auszupacken.

WELTVERBESSERER REGENWURM

»Es ist zweifelhaft ob es noch viele andere Tiere gibt, die eine derart wichtige Rolle in der Weltgeschichte geschrieben haben wie diese niederen Geschöpfe.« Charles Darwin in »Die Bildung der Ackererde durch die Tätigkeit von Würmern«, 1881
Regenwürmer ziehen Laub und Pflanzenreste in den Boden und fressen sie. Ihre Ausscheidungen verbessern den Boden und liefern Pflanzennahrung. Außerdem belüften Regenwurm-Tunnels den Boden. Je mehr Regenwürmer Sie im Boden finden, desto besser.

Einer der wichtigsten Helfer im Garten: der Regenwurm.

Jetzt ernten

Gemüse und Kräuter
- Erster Spargel: mit einem Messer 2 cm unter der Erdoberfläche schneiden
- Winterheckenzwiebeln
- Bärlauch, Bergbohnenkraut, Salbei

Obst
- Rhabarber

Aus dem Frühbeet

Gemüse
- Asia-Salate, Blattsalate, Erbsen-Ranken, Radieschen, Rucola, Spinat

GRÜNEN SPARGEL PFLANZEN

Wählen Sie einen sonnigen Platz mit wasserdurchlässigem Boden. Graben Sie das Beet im Herbst oder Vorfrühling sorgfältig um, entfernen Sie die Wurzelunkräuter. Gepflanzt wird im April. Dazu heben Sie einen Graben von 25 cm Tiefe und 100 cm Breite aus und stechen die Sohle noch mal um. Nach dem Glattrechen arbeitet man eine Lage von 10 cm Kompost sowie organischen Volldünger ein. Dann die Spargelwurzeln im Abstand von 40 x 50 cm auslegen, mit Erde auffüllen, sodass die Pflanzen ca. 15 cm unter der Erdoberfläche sitzen. Bis zum Anwachsen regelmäßig wässern. Geerntet wird im übernächsten Jahr.

Mit Garten-Vlies und etwas Glück mit dem Wetter ist in Ihrem Garten schon ab Ende April Spargelsaison.

Jetzt genießen

Salat von grünem Spargel mit dicken Bohnen und Flusskrebsen

Dieser Salat ist lecker als Vorspeise oder Beilage und nutzt auch dicke Bohnen und Blattsalat aus dem eigenem Garten. Als Alternative können Sie den warmen Salat ohne den Blattsalat mit frisch gekochten Linguini servieren.

Für 4 Personen

400 g grüner Spargel (14–18 Spargelstangen) – Salz und Pfeffer – 400 g Dicke Bohnen (= ungefähr 1 Tasse geschälte Bohnen) – 1 TL Dijon-Senf – Saft von ½ Zitrone – 4 EL Olivenöl – 12 Cocktail-Tomaten, geviertelt – 10 g Dill, gehackt – 10 g Kerbel, gehackt – 300 g Flusskrebse – 1–2 Salatherzen

Zubereitung

- Die holzigen Enden des Spargels abschneiden. Spargel in gesalzenem Wasser bissfest köcheln.
- Die dicken Bohnen schälen und in Salzwasser 5–10 Minuten weich garen. Wenn sie jung genug sind, muss man die weiße Schale um den Kern herum nicht entfernen.
- Dressing: Salz, Senf und Zitronensaft mischen, Olivenöl unterrühren und mit frischem Pfeffer abschmecken.
- Lauwarme Bohnen, Cocktailtomaten, Dill und Kerbel in einer Salatschüssel vorsichtig mit dem Krebsfleisch und zwei Drittel des Salatdressings mischen.
- Zum Servieren die gewaschenen und trocken getupften Salatblätter auf Teller legen. Die Hälfte des restlichen Dressings darüber träufeln. Die Salatmischung auf die Salatblätter verteilen und den Spargel darauf drapieren. Das restliche Dressing darüber geben.

Jetzt kreativ werden

Pflanzenetiketten

Im Frühling gibt es im Garten viel zu tun und Gärtner sind voller Enthusiasmus und Elan. Leider spielt das Wetter nicht immer mit, dafür können Sie diese netten Pflanzenetiketten auch im Trockenen basteln.

Beschriftete Töpfe dienen gleichzeitig als Pflanzenetiketten und als Unterschlupf für nützliche Insekten.

Sie brauchen:
- Wäscheklammern aus Holz
- Kleine Terrakotta-Blumentöpfe
- Farbe, wasserfest für draußen
- Pinsel
- Stroh zur Befüllung der Mini-Blumentöpfe
- Bambus- oder Holzstöcke, circa 60 cm lang

1 Machen Sie sich eine Liste von den Gemüsesorten, Kräutern oder Blumen, für die Sie Pflanzenetiketten basteln möchten. Teilen Sie die Liste auf in Pflanzen, die in Töpfen gezogen werden und solche, die ausgepflanzt werden. Die Wäscheklammern werden für die eingetopften Pflanzen benutzt, die Mini-Terrakottatöpfe für Pflanzen in großen Containern oder Beeten.

2 Alles, was nach draußen kommt, sollte mit wasserfester Farbe bemalt werden. Nachdem die erste Farbschicht getrocknet ist, nehmen Sie einen feinen Pinsel zur Beschriftung. Dabei ist es hilfreich, die Buchstaben vorher mit Bleistift vorzuschreiben. Dabei nicht vergessen: Die Töpfchen werden nachher umgedreht! Für kleine Helfer ist ein wasserfester Filzstift einfacher.

3 Wenn die Farbe getrocknet ist, werden die Blumentöpfe dicht mit Stroh ausgestopft. Umgedreht werden sie auf einen Bambus- oder Holzstock gesteckt und im Beet platziert. So dienen diese freundlich aussehenden Pflanzenetiketten auch als einladendes Örtchen für »Nutztiere« wie Florfliegen und Ohrwürmer.

4 Für Wäscheklammern, die drinnen benutzt werden, muss die Farbe nicht wasserfest sein. Um zu viel Kleckserei zu vermeiden, heften Sie mehrere Wäscheklammern an einen Blumentopf, dann lassen sie sich leichter bemalen. Um die Wäscheklammern am Blumentopf nachher besser lesen zu können: Vergessen Sie nicht, die Buchstaben von oben nach unten zu schreiben.

Diese Pflanzenetiketten aus Holz-Wäscheklammern sind über mehrere Jahre hinweg nützlich. Besonders schön sind nostalgische Klammern mit rundem Kopf.

Mai

Alles neu macht der Mai… der Garten sprießt und grünt und birst schier vor Energie. Aber auch wenn es scheint, als wäre der Sommer schon da, gibt es immer noch das Risiko eines späten Frosts. Erst nach den Eisheiligen kann man davor sicher sein.

Vielleicht brauchen Ihre Pflanzen noch einmal Schutz vor Frost

Im Kalender sind die Eisheiligen vom 11. bis zum 15. Mai vermerkt. Leider macht uns die Natur nicht die Freude, sich an diese exakten Daten zu halten: Diese Kälteperiode kann bereits Ende April/Anfang Mai stattfinden – oder im ungünstigsten Fall auch erst gegen Ende Mai. Ganz besonders im Mai ist also ein zuverlässiger Wetterbericht unser bester Freund. Gartenvlies oder mobile Folientunnel sollten erst nach dem letzten Frost weggepackt werden.

Ist auch diese Hürde überwunden, wachsen unsere Pflanzen im Garten in rasantem Tempo. Die letzten kälteempfindlichen Pflanzen wie Tomaten, Paprika und Kürbisgewächse können nun endlich ausgepflanzt werden. Bei den Aussaaten für die Sommergemüse setzt jetzt der Endspurt ein – der Mai ist der letzte große Aussaat-Monat.

Neben den Frühlingsblühern erwarten uns schon die ersten Ernte-Freuden: Im Frühbeet vorgezogene Salate, Radieschen und Spinat füllen die Salatschüsseln, erste Kräuter können geerntet werden und endlich gibt es wieder Rhabarber und Spargel – zwei typische, saisonale Gemüsesorten. Denken Sie jetzt auch daran, die eingefrorenen Schätze vom letzten Jahr aufzuessen, damit für die neuen Ernten Platz geschaffen wird.

Radieschen und Mairüben – die allererste Ernte aus dem Frühbeet.

Jetzt aussäen

Auf Fensterbank, Frühbeet oder im Gewächshaus, im Freiland erst nach den Eisheiligen

Gemüse
- Blumenkohl
- Brokkoli
- Busch- und Stangenbohnen
- Gurken: auf der Kantenseite
- Kürbisse: auf der Kantenseite
- Lauch: späte Sorten, z. B. 'Elefant', 'Blaugrüner Winter'
- Melonen

Farbenfroh und essbar: Blüten und grüne Samenkapseln der Kapuzinerkresse.

Gerade Saatreihen machen später das Unkraut-Hacken wesentlich einfacher.

- Neuseeländer Spinat: in Multitopfplatten, später auspflanzen
- Stangensellerie
- Zucchini: auf der Kantenseite
- Zuckermais: in Multitopfplatten

Kräuter

- Basilikum: ca. 10–15 Körnchen pro Topf, Lichtkeimer
- Kapuzinerkresse
- Koriander: ca. 10–15 Körnchen pro Topf, stets feucht halten, schießt sonst

Im Freiland

Gemüse

- Asia-Salate
- Erbsen: vor allem Markerbsen und Zuckerschoten
- Grünkohl: im Saatbeet
- Karotten
- Weiß- und Rotkohl, späte Sorten: im Saatbeet
- Kohlrabi: im Saatbeet
- Mangold
- Mairüben
- Rettich
- Radieschen
- Rosenkohl: im Saatbeet
- Rote Bete
- Rucola
- Salat, Pflück- und Kopfsalat
- Spinat: letzte Aussaaten vor dem Sommer, schossfeste Sorten, z. B. 'Columbia' oder 'Emilia'
- Wirsing: im Saatbeet

Kräuter

- Bohnenkraut
- Dill
- Petersilie
- Ringelblumen: für die Mischkultur
- Sauerampfer

Samen von Gurken und Kürbisgewächsen steckt man mit der schmalen Seite nach unten in die Erde.

Schon bald nach dem Pflanzen treiben die Gurken die ersten Früchte.

Jetzt pflanzen

Im Freiland

Gemüse und Kräuter
- Artischocken: bis nach den Eisheiligen am Abend mit Vlies bedecken
- Blumenkohl
- Brokkoli
- Knollenfenchel: bis nach den Eisheiligen unter Folie
- Kohl
- Kohlrabi
- Rosenkohl
- Salate
- Lauch, frühe Sorten

Im Freiland, nach den Eisheiligen

Gemüse und Kräuter
- Auberginen: einen warmen Platz auswählen
- Busch- und Stangenbohnen
- Chilis und Paprika
- Gurken
- Kürbisse und Zucchini
- Melonen
- Neuseeländer Spinat
- Sellerie
- Tomaten
- Zuckermais: in Mulitopfplatten vorgezogen
- Basilikum

ORGANISCHE DÜNGER: KRAFTFUTTER FÜR IHRE PFLANZEN

Wenn Sie Ihre Beete im Frühjahr mit Kompost oder Mistkompost versorgen, bieten Sie Ihren Pflanzen eine hervorragende Startdüngung. Alternativ sind auch organische Volldünger oder Rinderdung-Pellets geeignet. Da dies alles Naturprodukte sind, bei denen die Nährstoff-Verfügbarkeit schwanken kann, ist es empfehlenswert, Starkzehrer während der Vegetationsperiode nachzudüngen. Um sicher zu gehen, welche Nährstoffe in Ihren Beeten fehlen, können Sie eine Bodenanalyse vornehmen lassen, dies sollte alle 3 bis 4 Jahre wiederholt werden. Das Labor gibt Ihnen auf Ihren Garten zugeschnittene Düngeempfehlungen.

Organische Dünger für ergänzende Düngungen
Besonders für Blattgemüse, Stickstoff-betont (N)
- Hornmehl: flach einhacken. Hornspäne zersetzen sich langsamer und sind daher nicht als schnelle Maßnahme geeignet.
- Brennessel-Jauche: eine übelriechende, aber effektive Angelegenheit, Zubereitung siehe Seite 76.

Besonders für Fruchtgemüse, Kalium-betont (K)
- Comfrey-Jauche (siehe Seite 76)
- Algen-Flüssigdünger: hoher Kali- und Spurenelement-Gehalt
- Bio-Tomatendünger: auch für andere Fruchtgemüse wie z. B. Paprika, Zucchini, Kürbisse und Gurken geeignet. In Pulverform erhältlich – oder, wenn es ganz schnell gehen muss, auch als Flüssigdünger.

Jetzt kommt der Gemüsegarten so richtig in Schwung.

Auch bei den Bohnen gibt es erstaunlich farbenfrohe Sorten: hier die Stangenbohne 'Blauhilde'.

DAS KLEINE EINMALEINS DES GIESSENS

Ohne ausreichende Wasserzufuhr sind gute Ernten keine Selbstverständlichkeit – gleichzeitig ist es jedoch ökologisch sinnvoll, Wasser zu sparen. So versorgen Sie Ihren Garten gut und sind dabei gleichzeitig effizient.

Die besten Voraussetzungen

- Sammeln Sie Regenwasser: Stellen Sie Wasserfässer auf, bevorzugt an Dachrinnen, wo Sie das Regenwasser direkt in die Tonnen leiten können. Die Steigerung hiervon wäre eine Zisterne, aus der man das Wasser mit Pumpe und Wasserschlauch entnimmt.
- Pflanzen Sie in kleine Mulden, damit das Regenwasser an der Pflanze bleibt und nicht gleich abläuft, dies ist besonders an Hängen wichtig.
- Misch- und Zwischenkulturen dienen auch der Wasserersparnis: Wenn der Boden beschattet ist, geht weniger Feuchtigkeit verloren.
- Nachdem Sie gründlich gegossen haben, können Sie mulchen, um die Verdunstung zu verzögern. Wenn Sie dafür organisches Material nehmen, wird dieses in Humus umgewandelt, der auf lange Sicht gesehen auch die Wasserhaltekraft des

Bodens verbessert (siehe auch Seite 62).
- Sie haben gerade kein Mulch-Material zur Verfügung? Hacken Sie die Beete, auch dies hilft, die Verdunstung zu verzögern. Außerdem müssen Ihre Pflanzen dann nicht mit Unkräutern um das Wasser konkurrieren. »Einmal hacken spart dreimal gießen.«

Wie gießen?

- Am besten am Morgen oder am frühen Abend. Wassertropfen in der Mittagshitze führen zu Sonnenbrand auf den Blättern. Wartet man am Abend zu lange, gehen die Pflanzen feucht in die Nacht und sind so anfälliger für Pilzkrankheiten und Schnecken.
- Gießen Sie gründlich: Ziel ist, den Boden bis in ca. 10−15 cm Tiefe mit Wasser zu tränken. Gründlich gegossene Beete müssen weniger oft gegossen werden als oberflächlich besprengte.
- Versuchen Sie, das Erdreich unter der Pflanze und nicht die Pflanze selbst zu gießen. Besonders Pflanzen aus wärmeren Gegenden wie Tomaten, Gurken oder Paprika sind schockiert, wenn sie mit einem kalten Wasserstrahl angespritzt werden. Wenn Sie einen Wasserschlauch benutzen, geht dies am besten mit einem dazugehörigen Gießstab.

- Wenn Sie Sämlinge gießen, drehen Sie die Brause der Gießkanne nach oben, so wird der Wasserschwall sanfter.

Und wie oft?

Wenn die Pflanze welkt, ist es fast schon zu spät – wann dieser Moment erreicht ist, hängt von der jeweiligen Pflanze und dem Wetter ab. Tage mit trübem, aber windigem Wetter trocknen ebenso stark aus wie sonnige Tage.

- Gießen Sie Saatbeete und frisch gepflanzte Pflänzchen in trockenen Zeiten unbedingt täglich. Sobald die Sämlinge etwas größer oder die Pflanzen eingewurzelt sind, kommen sie mit weniger Wasser aus.
- Pflanzen in Töpfen und Kübeln trocknen schneller aus. Sie sollten täglich Wasser bekommen.
- Bei eingewachsenen Pflanzen gilt folgende Regel: Auch wenn die Erdoberfläche trocken aussieht – kontrollieren Sie einige Zentimeter tief. Ist die Erde dort noch feucht, können Sie mit dem Gießen bis zum nächsten Tag warten.
- Junge Bäume, Sträucher und holzige Kräuter wie Lavendel brauchen am wenigsten Wasser: In Trockenperioden ist 1 bis 2 Mal pro Woche gründlich wässern ausreichend.

Am wichtigsten ist Gleichmäßigkeit beim Wässern. Extreme Wechsel zwischen Trockenheit und Wasserüberschuss lassen Früchte sehr schnell platzen.

Jetzt pflegen

Allgemeine Check-Liste

- Frühbeete, Folientunnel und Gewächshäuser am Tag öffnen, lüften.
- Unkraut hacken: Vermeiden Sie, dass sich die ersten Unkräuter versamen. Wir finden den englischen Gärtner-Spruch »One year's seeding is seven years' weeding« sehr eindrucksvoll.
- Wässern.
- Blattläuse: Regelmäßig kontrollieren, ob sich die ersten Blattläuse breitmachen. Kleinere Ansammlungen zerdrücken oder mit einem scharfen Wasserstrahl

Solche Seitentriebe bei Tomaten sollten regelmäßig entfernt werden.

abspritzen, bei stärkerem Befall mit Neem- oder Pyrethrum-haltigem Mittel spritzen. Vorbeugend: auf gute Düngung achten (Blattläuse befallen bevorzugt schwächere Pflanzen) und Nützlinge anlocken (siehe Seite 40). Evtl. auch mit Gemüseschutznetzen bedecken.
- Schneckenbekämpfung fortsetzen – so verhindern Sie eine massenhafte Ausbreitung.

Gemüse

- Jungpflanzen aus dem Haus, die erst nach den Eisheiligen gepflanzt werden können: tagsüber ins Freie stellen und abhärten – dabei zunächst direkte Sonne vermeiden.
- Sämlinge vereinzeln: bei Gemüse, das direkt in Beete gesät wurde; die idealen Abstände zwischen den Pflänzchen finden Sie ab Seite 133.
- Erbsen im Beet stützen, z. B. mit Reisig.
- Kartoffeln: anhäufeln. Wenn das Kraut auf 20 bis 25 cm Höhe herangewachsen ist, zwischen den Reihen hacken und dabei beidseitig Erde zu den Pflanzen ziehen – so viel, dass noch ungefähr 15 cm des Laubes aus dem kleinen Erdwall herausschauen. Dieser Vorgang kann noch 1 bis 2 Mal wiederholt werden. Durch das Anhäufeln erhöht sich der Ertrag, außerdem verhindert man, dass junge Kartoffeln zu dicht unter der Erdoberfläche wachsen und grün werden.
- Paprika: die erste Blüte (die sogenannte »Königsblüte«) ausbrechen, die Pflanze verzweigt sich so besser und trägt später mehr Früchte. Bei den nahe verwandten Chilis ist das Ausbrechen der Blüte übrigens nicht notwendig.
- Tomaten: Seitentriebe bei Stabtomaten auskneifen (ausgeizen). Hier ist eine wöchentliche Routine hilfreich, damit die Seitentriebe nicht zu groß werden. Ansonsten besteht die Gefahr, beim Ausbrechen zu großer Seitentriebe den Haupttrieb zu verletzen.

- Im Gewächshaus: Jetzt beginnen die ersten Fruchtgemüse zu blühen. Öffnen Sie tagsüber die Fenster, damit ein Luftzug durch das Gewächshaus streichen kann und Insekten hereinfliegen können. Gurken werden durch Insekten bestäubt, Tomaten und Auberginen durch Wind. Hier können Sie auch durch sanftes Schütteln der Pflanzen nachhelfen.

Kräuter

- Mediterrane Kräuter wie Lavendel oder Thymian treiben jetzt kräftig aus. Damit diese Pflanzen auf Dauer kompakt und wüchsig bleiben, die Triebe um ungefähr die Hälfte zurückschneiden. Achten Sie aber auf jeden Fall darauf, dass sich unterhalb der Schnittstelle noch lebende Knospen befinden.

Obst

- Beerensträucher mulchen.
- Obstbäume stehen nun in vollem Wachstum: Kontrollieren Sie Bindungen zwischen Baum und Baumpfahl und binden Sie diese eventuell neu, damit der Stamm nicht eingeschnürt wird.
- Brombeeren: neue Triebe am Spalier entlang ziehen und anbinden. Maximal 6 Triebe stehen lassen, dies erleichtert später die Ernte.
- Erdbeeren: In kalten Nächten mit Vlies bedecken, damit die Blüten keine Frostschäden erleiden. Nach Fruchtansatz Stroh unter die Früchte packen, eventuell auch Beete mit Netzen bedecken, falls gefräßige Vögel in der Nähe leben.
- Rhabarber – Blütenstiele vorsichtig ausbrechen.

Hier werden Kohlpflanzen mit Netzen gegen Vogelfraß geschützt. Feinmaschigere Kulturschutznetze machen auch kleineren Schädlingen wie Kohlfliegen, Blattläusen und Erdflöhen das Leben schwer.

Jetzt ernten

Gemüse
- Asia-Salate
- Erste Erbsen
- Feldsalat
- Karotten: Babykarotten aus dem Frühbeet
- Kohlrabi: erste Ernte aus dem Frühbeet
- Kopfsalat
- Lauchzwiebeln
- Mairüben, Teltower Rübchen
- Pflücksalat
- Radieschen
- Rettich
- Rucola
- Grün-Spargel
- Spinat

Kräuter
- Kerbel
- Minze
- Petersilie
- Schnittlauch
- Zitronenmelisse
- Mediterrane Kräuter, je nach Wetter

Obst
- Rhabarber

Ungemein befriedigend: die Ernte des ersten Salatkopfes.

ERBSEN-VARIANTEN

Erbsen sind nicht gleich Erbsen – hier ein kurzer Überblick:

Schal-Erbsen und **Pal-Erbsen** sind Bezeichnungen für den gleichen Typ Erbse. Die Erbsen eignen sich auch zum Trocknen und haben eine glatte Oberfläche, wenn sie getrocknet sind. Sie sind relativ kälte-unempfindlich und können schon früh im Jahr ausgesät werden. Warten Sie mit dem Ernten nicht zu lange, sonst schmecken sie mehlig.

Markerbsen brauchen mehr Wärme und werden deshalb später im Frühling ausgesät. Sie sind ertragreicher und schmecken süßer. Sie werden üblicherweise nicht getrocknet, da die einzelnen Erbsen dabei schrumpelig werden.

Zucker-Schoten werden geerntet, bevor sich die einzelnen Erbsen bilden, man isst die kompletten Schoten.

Jetzt genießen

Risotto mit frischen Erbsen

Dies ist ein einfaches und sättigendes Gericht. Im Herbst kann man zur Abwechslung gerösteten Butternusskürbis anstatt Erbsen beigeben.

Für 4 Personen

1 mittelgroße Zwiebel – 1 Knoblauchzehe –
1 EL Olivenöl – 320 g Risotto-Reis, z. B. Arborio –
Saft von ½ Zitrone (oder 150 ml trockener
Weißwein) – 1 l heiße Bio-Hühnerbrühe –
300 g Erbsen, erntefrisch oder gefroren –
4 EL Parmesan, gerieben – 1 TL Butter – Salz
und frisch gemahlener Pfeffer

Zubereitung

■ Zwiebel sowie Knoblauch fein würfeln und mit dem Olivenöl in einem großen Kochtopf bei mittlerer Hitze anschwitzen.

■ Den Reis dazu geben, er muss nicht vorher gewaschen werden. Rühren, bis der Reis gut mit dem Öl überzogen ist, mit Zitronensaft ablöschen und rühren, bis die Flüssigkeit verkocht ist.

■ Den Herd etwas runter schalten und einen Schöpflöffel Hühnerbrühe dazu geben. Weiter rühren und sanft köcheln lassen. Sobald die Brühe aufgenommen wurde, einen weiteren Schöpflöffel dazu gießen, und so weiter.

■ Nach 12 Minuten die Erbsen dazu geben. Den Reis al dente kochen (circa 18 Minuten). Die Menge der Brühe hängt von Ihrem Rühren, der Topfgröße und der Hitze ab, eventuell brauchen Sie etwas mehr oder weniger.

■ Kurz vor dem Servieren rühren Sie den Parmesan und die Butter unter den Reis. Das verleiht dem Risotto einen besseren Geschmack und gibt ihm einen schönen Glanz. Zum Schluss mit Salz und Pfeffer abschmecken.

Jetzt kreativ werden

Kräuter trocknen

Getrocknete Kräuter kann man das ganze Jahr verwenden. Sie lassen sich in aromatische Geschenke für Familie und Freunde verwandeln: Vom Tee über Kochmischungen oder duftende Wäschesäckchen bis zum Kräuterbad.

Sie können ab jetzt den ganzen Sommer Kräuter sammeln: Im Mai sind Minze und Zitronenmelisse bereits so hoch, dass man sie vor der Blüte zurückschneiden kann. Das verhindert gleichzeitig, dass sich die Pflanzen versamen und lästig werden. Auch mediterrane Pflanzen wie Lavendel, Thymian und Rosmarin werden jetzt in Form geschnitten, das Schnittgut können Sie trocknen, wenn

es lang genug ist. Basilikum, Petersilie und Schnittlauch lassen sich besser einfrieren als trocknen. Die meisten Kräuter haben kurz vor der Blüte das beste Aroma. Man kann ein Dörrgerät oder eine Mikrowelle zum Trocknen benutzen, aber das Lufttrocknen ist die billigste und einfachste Methode.

Man braucht:
- Eine gute Schere/Gartenschere
- Schnur
- Papiertüte

Um das beste Aroma zu erhalten, schneiden Sie Ihre Kräuter am Vormittag und vor der Blütezeit. Kurz ausschütteln, um versteckte Insekten loszuwerden.

Auch attraktiv im Staudenbeet: Gelbbunter Gewürz-Salbei.

Kräuter zu einem Bündel zusammen nehmen – nicht zu groß, damit die Luft gut zirkulieren kann. Behutsam eine Schnur um die Stiele wickeln, sie sollte die Kräuter zusammenhalten ohne sie zu verletzen. Lassen Sie genügend Schnur am Ende, um die Büschel später aufzuhängen. Stülpen Sie eine Papiertüte über das Bündel und befestigen Sie sie oben an den Stielen, um Staub fernzuhalten. Die Kräuter nun an einem trockenen, luftigen Ort für etwa zwei Wochen aufhängen.

Prüfen Sie, ob alle Kräuter trocken sind und entfernen Sie schimmelige Blätter oder Stiele. Bewahren Sie getrocknete Blätter in einem luftdichten Behälter auf.

Zubereitung von Tees
- Pro Tasse nimmt man 1 Teelöffel getrocknete Kräuter. Mit kochendem Wasser übergießen und ein paar Minuten ziehen lassen. Vor dem Trinken entfernen.
- Probieren Sie Schokoladen-Minze für das volle Aroma ohne Kalorien oder Salbei bei Halsweh. Zitronenmelisse-Tee wirkt entspannend, appetitanregend und tut dem Magen gut.

Kräutermischungen für die Küche
- Variation der herbes de Provence: Zerdrücken und mischen Sie 3 Teile Thymian, je 2 Teile Rosmarin und Majoran, 1 Teil Lorbeer und ein paar Lavendelblüten. Luftdicht aufbewahren.
- Pikant: Zerdrücken und mischen Sie 2 Teile Zitronenthymian, 2 Teile Rosmarin und 1 Teil getrocknete Chilischote (Chili wie die Kräuter trocknen). Luftdicht aufbewahren.

Für den Wäscheschrank
- Musselinsäckchen mit getrockneten Lavendelblüten und getrockneten Rosenblätter füllen.

Oregano, Thymian, Rosmarin, Salbei und Ysop eignen sich hervorragend zum Trocknen.

Juni

Der Juni ist der erste Monat des Jahres, in dem Ihre Arbeit im Garten auch buchstäblich Früchte trägt: Nun reifen die ersten Beeren. Auch Rosen und Holunder blühen jetzt und sorgen für einen weiteren Höhepunkt im Gartenjahr.

Jetzt kommt der Sommer so richtig in Schwung

Neben den Beeren können wir nun auch alle Salate ernten, junge Karotten und Erbsen, Radieschen, Rettiche und Kohlrabi kommen frisch vom Beet auf den Tisch. Vielleicht haben Sie die ersten Gemüsebeete schon abgeerntet und schöne Erfolge erzielt – oder auch den einen oder anderen Fehlstart erlitten. Sollte Letzteres der Fall gewesen sein, lassen Sie sich nicht entmutigen: Neben der Pflanzung und Aussaat von schnell reifendem Gemüse wie Salaten und Bohnen ist noch Zeit, für Herbst und Winter zu sorgen und Gemüse wie Grün- und Rosenkohl zu ziehen.

Notieren Sie in Ihrem Gartentagebuch, was gut geklappt hat und was nicht, welche Sorten in Ihrem Garten gut wachsen und welche besonders gut geschmeckt haben.

Am 24. Juni ist Johanni-Tag. Traditionell werden Rhabarber und Spargel nur bis zu diesem Tag geerntet. Man muss sich nicht sklavisch an dieses Datum halten, es tut den Pflanzen jedoch gut, sich möglichst lange für den Rest des Jahres zu erholen.

Sollten Ihre Obstbäume im Juni einen Teil der Früchte abwerfen, ist das kein Grund zur Besorgnis: Hierbei handelt es sich um den sogenannten Juni-Fruchtfall. Die Bäume stoßen Früchte ab, die sie bis zur Ernte nicht ernähren können, da stets mehr Blüten bestäubt werden, als Früchte reifen können.

Rotlaubiges Basilikum 'Opal'.

Jetzt aussäen

Gemüse
- Asia-Salate, Endivien
- Blumenkohl: späte Sorten
- Busch- und Stangenbohnen
- Erbsen: Markerbsen
- Fenchel: Knollenfenchel
- Grünkohl
- Letzte Gurken: Anfang des Monats
- Karotten

- Kohlrabi
- Letzte Kürbisse: Anfang des Monats
- Mangold
- Neuseeländer Spinat
- Radieschen: Sommer-Sorten wie 'Sora' oder 'Topsi'
- Radicchio
- Rettich
- Rote Bete
- Rucola
- Salate
- Zucchini

Kräuter
- Bohnenkraut
- Dill
- Kapuzinerkresse
- Koriander
- Ringelblumen

TIPP Knoblauchtee ist einfach zuzubereiten und soll Pflanzen vor Pilzkrankheiten schützen. 70 g Knoblauch klein hacken, mit 1 l kochendem Wasser überbrühen, 15 Minuten ziehen lassen. Abkühlen und unverdünnt spritzen. Der Geruch soll zudem auch Schnecken und Kohlschädlinge fernhalten.

Bei der Grünkohl-Sorte 'Redbor' färben sich die Blätter im Laufe des Jahres purpurrot.

GRÜNKOHL, DER WINTERGEMÜSE-KLASSIKER

Neben den traditionellen Sorten wie 'Ostfriesische Palme' und 'Holter Palme' gibt es Züchtungen, die sich dadurch auszeichnen, dass sie niedriger bleiben und so auch Platz in kleineren Gärten finden (z. B. 'Lerchenzungen'). Rotlaubige Sorten wie 'Redbor' machen den Garten nicht nur nahrhaft, sondern auch attraktiv. Weiterhin ist der Toskanische Palmkohl auf dem Vormarsch, dessen dekorative grau-grüne Blätter man im Gegensatz zu anderen Grünkohlarten schon vor dem ersten Frost essen kann. Bei allen Arten pflückt man die untersten Blätter zuerst. Grünkohl lässt sich zu klassisch-deftiger Hausmannskost verarbeiten, probieren Sie ihn aber auch einmal in Minestrone oder auf asiatische Art mit Knoblauch, Ingwer und Sojasoße.

Jetzt pflanzen

Gemüse

- Blumenkohl
- Brokkoli
- Letzte Chilis
- Grünkohl
- Herbst- und Winterkohl
- Kohlrabi
- Kürbisse
- Lauch
- Letzte Paprika-Pflanzen
- Rosenkohl
- Salate
- Stangensellerie
- Letzte Tomaten
- Wirsing
- Zucchini

WAS IST NEUSEELÄNDER SPINAT?

Herkömmlicher Spinat lässt sich am besten im Frühling und im Herbst anbauen. Sobald es warm wird, schießt (blüht) er schnell. Deshalb ist Neuseeländer Spinat eine wunderbare Sommer-Alternative für Spinatfreunde. Er gedeiht nur bei warmen Temperaturen und wächst zunächst langsam, kann dann aber bis zum ersten Frost gepflückt werden. Geerntet wird, indem man die Triebspitzen der Pflanzen regelmäßig abschneidet. Dadurch verzweigen sich die Pflanzen neu, was steigende Erträge über den Sommer hinweg zur Folge hat. Die Pflanzen werden mit dieser Methode relativ groß und sollten in einem Abstand von 40 × 80 cm gepflanzt werden. Zubereitet wird der Neuseeländer Spinat genauso wie unser altbekannter Spinat.

Zucchini müssen nicht immer länglich und grün sein. Runde Sorten eignen sich besonders gut zum Füllen.

Jetzt pflegen

Allgemeine Check-Liste

- Aussaaten ausdünnen (Pflanzabstände ab Seite 133).
- Hacken: besonders an den ersten heißen Tagen. Unkraut welkt und stirbt schnell, außerdem reduziert flaches Hacken die Wasserverdunstung des Bodens.
- Mulchen: Nach dem Hacken, so wird die Wasserverdunstung weiter reduziert.
- Schädlinge: regelmäßige Kontrolle.
- Herstellen von Pflanzen-Jauchen zur Düngung: packen Sie 1 kg Kraut in ein grobes Netz und stecken Sie es in einen Eimer mit 10 l Wasser. Mit einem Deckel versehen. Nach ca. 2 Wochen ist die Jauche gießfertig: verdünnen Sie sie 1:10 mit Wasser.

- Gut geeignet hierfür sind Brennnesseln für eine stickstoffbetonte Düngung, Comfrey für Fruchtgemüse. Eine Handvoll Steinmehl schwächt den Geruch der Brühe ab.
- Fahren Sie diesen Sommer in den Urlaub? Wissen Sie schon, wer Ihren Garten gießt?

Gemüse

- Fenchel: anhäufeln; wenn die Knollen ungefähr Hühnerei-groß sind, Hälfte der Knollen mit Erde bedecken.
- Kartoffeln: anhäufeln.
- Spargel: nach der letzten Ernte mit Kompost mulchen.
- Tomaten: wöchentlich ausgeizen und anbinden.

MULCHEN IM SOMMER

Mulch hält die Feuchtigkeit länger im Boden und verhindert ein Verschlämmen bei heftigen Regenfällen.

Was können Sie verwenden?
Mit gleichzeitigem Dünge-Effekt (siehe auch Seite 27):
- Halb verrotteter Kompost: ohne grüne Anteile, sonst werden Schnecken angelockt.

Grüne Materialien – idealerweise ausschließlich in Trockenperioden oder bei Kulturen, die nicht anfällig für Schneckenfraß sind:
- Angetrockneter Rasenschnitt, Wiesengras (ohne Samen!): als dünne Schicht von wenigen Zentimetern.
- Brennnesseln oder Beinwell: auch als dickere Schicht von 5–10 cm, verrotten sehr schnell.
- Gemüsereste: statt auf den Kompost auf das Beet – die sogenannte Flächenkompostierung.

Weiterhin eignen sich auch Laubkompost, geschredderter Gehölzschnitt (vorher ein paar Monate kompostieren) und Stroh (gute Kurzzeit-Lösung für Pflanzen wie Erdbeeren).

Wie anwenden?
- Mulchen Sie nur, nachdem alle Unkräuter mitsamt Wurzeln entfernt wurden.
- Das Beet sollte vorher durchdringend gegossen werden.
- Achten Sie darauf, nicht das Herz von Pflanzen mit Mulch zu bedecken.

Kräuter

- Schnittlauch: auf zwei Finger breit über dem Boden zurückschneiden, er treibt schnell neue Halme.
- Lavendel, Salbei, Rosmarin: durch Stecklingsvermehrung Pflanzen für das nächste Jahr gewinnen.

Obst

- Bei Trockenheit einmal wöchentlich gründlich wässern, gegebenenfalls neuen Mulch aufbringen, damit die Feuchtigkeit im Boden gehalten wird.
- Brombeeren: tragen am zweijährigen Holz. Seitentriebe aus den Blattachseln auf jeweils 3 bis 5 Blätter pro Seitentrieb einkürzen, sie tragen im nächsten Jahr Früchte. Von den neuen Trieben nur 6 stehen lassen und am Gerüst befestigen.
- Erdbeeren: mit Stroh mulchen. Achten Sie bei der Ernte auf besonders gesunde und wüchsige Pflanzen und markieren Sie diese. Nur sie eignen sich für Neupflanzengewinnung durch Ableger – von jeder Pflanze maximal 3 Stück. Alle anderen Ableger werden entfernt, um die Pflanzen nicht zu schwächen, die auch noch im nächsten Jahr Früchte tragen sollen. Graben Sie dazu unter dem Ausläufer einen kleinen Topf mit Erde ein und fixieren Sie das Pflänzchen. In wenigen Wochen hat es Wurzeln geschlagen und Sie haben eine perfekt getopfte Jungpflanze, die im August gepflanzt werden kann.
- Himbeeren: Sommer-Sorten bilden jetzt neue Triebe, die im nächsten Jahr fruchten. Belassen Sie 8 bis 10 schöne Neutriebe pro laufendem Meter; alle anderen und solche, die außerhalb der Reihe wachsen, entfernen.
- Rhabarber: nach der letzten Ernte mit Kompost mulchen.

Mit Stroh gemulchte Erdbeeren trocknen nach Regen schneller ab und bleiben sauber.

MANCHMAL NICHT GANZ EINFACH: KOHLGEWÄCHSE

Diese Seite haben wir nicht eingefügt, um Sie zu erschrecken – es ist jedoch so, dass Kohl-Gewächse anfällig für eine Zahl von speziellen Problemen sind. Diese müssen nicht zwangsläufig in Ihrem Garten auftreten – und schon gar nicht mehrere auf einmal. Es ist jedoch gut zu wissen, wie man ihnen vorbeugen kann, vor allem weil auch beliebte kleinere Gemüsearten wie Radieschen, Rucola oder Rettich zu den Kohlgewächsen gehören (siehe auch Liste auf Seite 15). Fruchtwechsel reduziert das Auftreten dieser Probleme.

Kohlhernie

Dieser Boden-Pilz schädigt die Wurzeln (sie werden geschwollen und

Lohn der Mühe: ein perfekter Blumenkohl.

knollig) und lässt die Pflanzen welken. Bei einem pH-Gehalt des Bodens über 7 tritt er normalerweise nicht auf, daher sollte man zukünftige Kohlbeete im Spätwinter kalken. Entsorgen Sie befallene Pflanzen über den Hausmüll, denken Sie auch daran dass Sie Pilz-Sporen mit Gartengeräten weiterverbreiten können. Pflanzen Sie neue Kohlpflanzen so weit wie möglich vom befallenen Beet entfernt, auf diesem sollten für die nächsten 7 bis 10 Jahre keine Kohlgewächse mehr gepflanzt werden.

Erdflöhe

Kleine Käfer von 1–3 mm Länge, die davon hüpfen, wenn sie gestört werden. Sie zerlöchern die Blätter von jungen Kohlgewächsen, die Larven können keimende Sämlinge schädigen. Im Normalfall verringert sich der Befall, sobald die Pflanzen mehr als 3 bis 4 kräftige Blätter haben. Es gibt verschiedene Wege, den Befall zu begrenzen:

■ Halten Sie die Erde um die Pflanzen herum feucht, da die Erdflöhe es trocken und warm lieben. Regelmäßiges Hacken irritiert sie noch mehr.

■ Bedecken Sie Aussaaten mit Garten-Vlies, bis die Pflanzen groß und kräftig genug sind.

■ Säen Sie in Multitopfplatten und pflanzen Sie erst aus, wenn die Pflanzen groß genug sind.

■ Säen Sie Salat oder Spinat zwischen Reihen mit Kohlgewächsen, Erdflöhe mögen beide nicht.

Raupen von Kohlweißlingen, Kohlmotte und Kohleule

Überprüfen Sie die Unterseiten von Kohlblättern regelmäßig auf Eier oder Raupen und streifen Sie diese ab. Versuchen Sie es mit Mischkultur: Gerüche von anderen Pflanzen (z.B. Tomaten, Lauch, Sellerie) verwirren die Schmetterlinge. Kapuzinerkresse am anderen Ende des Gartens lockt Kohlweißlinge noch mehr an und lenkt sie vom Kohl ab. Oder verwenden Sie Kulturschutz-Netze.

Große und kleine Kohlfliege

Ein Insekt, das aussieht wie eine Stubenfliege. Es legt seine Eier nah am Stamm der Kohlpflanze ab, die cremefarbenen Maden fressen die Wurzeln der Pflanzen. Befallene Pflanzen werden bläulich und hören auf zu wachsen. Am anfälligsten sind Weißkohl, Wirsing, Blumenkohl und Kohlrabi. Schützen Sie neu gepflanzte Kohlpflanzen mit Kohlkrägen, die Sie im Gartencenter bekommen. Probieren Sie auch Mulchen mit stark riechenden Kräutern wie Lavendel oder Salbei.

DER OBSTGARTEN IM SOMMER

Viele Obstgehölze sind fast das ganze Jahr über unkompliziert und sehr pflegeleicht. Jetzt beginnt bei den ersten Früchten die Erntezeit – ein guter Zeitpunkt, diesen Pflanzen mehr Aufmerksamkeit und Pflege zu gönnen.

Sommerschnitt von Obstbäumen

Junge, steil aufragende Zweige (Wassertriebe) bei **Apfel- und Birnbäumen** entfernt man am besten im Juni: Man reißt diese dünnen Triebe ab, die kleinen Risse verheilen besser als Schnittwunden. Ab Mitte August kann man stark wachsendes Kernobst auslichten. Ein Schnitt zu dieser Zeit regt keinen Neuaustrieb an, dafür bekommen die reifenden Früchte mehr Licht und Luft. Trotzdem nicht übermäßig schneiden: Ein gut tragender Baum braucht für die Nährstoff-Versorgung der Früchte ausreichend Blattmasse.

Apfel- und Birnenspaliere in Form schneiden: Entfernen Sie erst alle Zweige, die herausstehen oder Richtung Wand wachsen. Kürzen Sie dann die Wassertriebe, die aus den waagrechten Ästen des Spaliers senkrecht nach oben wachsen auf 3 bis 4 Augen. Außerdem sollten die Früchte bei Spalieren und Spindeln jetzt auf eine Frucht pro Blütenbüschel ausgedünnt werden.

Süßkirschen, Pflaumen und Walnussbäume brauchen keinen regelmäßigen Schnitt. Sollte eine Auslichtung nötig sein, verläuft die Wundverheilung bei diesen Bäumen im Sommer besser.

Sauerkirschen nach der Ernte schneiden. Man nimmt nach innen wachsende Triebe heraus, einzelne Triebe werden eingekürzt, damit sich neue bilden. Bei hängend wachsenden Sorten (z. B. 'Schattenmorelle') schneidet man die langen abgetragenen Triebe jedes Jahr jeweils bis zu einem vorhandenen Neutrieb zurück. Dieser wird im nächsten Jahr Früchte tragen.

Bei diesen Krankheiten gilt es, schnell zu reagieren

Feuerbrand bei Kernobst: Blüten und Blätter sterben ab, die Stiele verfärben sich dunkelbraun bis schwarz. Die Triebspitzen verkrümmen, es können bernsteinfarbene Schleimtropfen austreten. Schneiden Sie befallene Triebe sofort bis tief ins gesunde Holz zurück, entsorgen Sie das Schnittgut im Hausmüll.

Monilia bei Steinobst, besonders bei Sauerkirschen: Hier sterben ganze Zweige nach der Blüte ab. Ebenfalls bis ins gesunde Holz zurückschneiden.

Mehltau bei Stachelbeeren: der Strauch sollte nicht zu dicht beastet sein. Befallene Triebspitzen ausschneiden. Ist der Befall zu stark, mit einem zugelassenen Mittel spritzen.

Schimmelige oder faulende Früchte jeglicher Art sofort entfernen, um eine Weiterverbreitung von Pilzen zu vermeiden.

Schutz vor Vögeln

Achten Sie darauf, Netze, mit denen Sie Obstgehölze schützen, unten gut zu verschließen. Andernfalls können Vögel hinein- aber nicht mehr herausfinden und sich verheddern. Eine Vogeltränke kann sie von Obst ablenken: oft haben sie einfach Durst.

Frühe Johannisbeersorten werden schon im Juni reif.

Jetzt ernten

Gemüse und Kräuter

- Asia-Salate
- Dicke Bohnen
- Brokkoli: frühe Sorten
- Erbsen: 2 × pro Woche durchpflücken
- Erste Gurken: im Gewächshaus, 2 × pro Woche pflücken
- Karotten
- Frühe Kartoffeln
- Erster Sommer-Kohl
- Kohlrabi
- Lauchzwiebeln
- Mairüben

- Mangold: von frühen Aussaaten
- Radieschen
- Rettich
- Rucola
- Salate
- Grüner Spargel
- Spinat
- Alle Kräuter

Obst

- Erdbeeren
- Erste Himbeeren
- Frühe Johannisbeeren
- Rhabarber
- Frühe Stachelbeeren
- Erste Süßkirschen

Nicht nur lecker, sondern auch sehr einfach zu ziehen sind Lauchzwiebeln.

DIE TOLLE KNOLLE

Bei günstigen Wetterbedingungen können nun die ersten Frühkartoffeln geerntet werden. Frühkartoffeln erntet man, wenn sie blühen, heißt es – allerdings blühen nicht alle Frühsorten. Graben Sie probehalber eine Pflanze aus, um zu sehen, wie weit die Kartoffeln sind.

Die späteren Kartoffeln erntet man erst im frühen Herbst, und zwar wenn das Laub beginnt zu welken. Bei Sorten, die den ganzen Winter gelagert werden sollen, sollte das Laub komplett abgestorben sein. Wählen Sie einen sonnigen Mittag, damit die Kartoffeln nach der Ernte noch einige Stunden in der Sonne liegen können.

Verwenden Sie zum Hochheben der Pflanzen bei der Ernte eine Grabegabel, so bleiben Beschädigungen der Kartoffeln relativ gering. Angepiekste Kartoffeln sollten gleich verzehrt werden.

SO LADEN SIE BIENEN IN IHREN GARTEN EIN

Ohne Bienen würde unser Fruchtgemüse nicht bestäubt. In den letzten Jahren häufen sich Meldungen von Krankheiten, die Honigbienen-Völker bedrohen. Neben Honigbienen gibt es aber auch Wildbienen und Hummeln, die unsere Pflanzen bestäuben. Diese finden oft allerdings keine geeigneten Lebensräume mehr. Ein Mangel an Bienen hätte gravierende Folgen für das gesamte Ökosystem: Ohne Bienen würden viele Pflanzen nicht befruchtet – ohne Befruchtung keine Früchte. Diese würden nicht nur uns fehlen, sondern auch der Tierwelt. Deshalb ist es eine gute Idee, Bienen in unseren Gärten zu fördern.

Wie man Nistplätze für Wildbienen selbst bauen kann, wurde bereits auf Seite 40 beschrieben. Nun gilt es noch, ausreichende Futterplätze bereitzustellen. Dies funktioniert auch für »Stadtbienen«, viele der vorgestellten Pflanzen wachsen auch in Kästen und Kübeln.

Die aufgelisteten Pflanzen sind, je nach Nutzung, in verschiedene Gruppen eingeteilt. Man sollte darauf achten, die Pflanzen so auszuwählen, dass Bienen und Hummeln über das ganze Gartenjahr genügend Nahrung finden – besonders im Spätsommer, damit sie gut durch den Winter kommen können. Daher ist der Blütezeit-Monat hinter der jeweiligen Pflanze in Klammern vermerkt.

Für die Mischkultur

In der Nähe von Obstgehölzen, die bereits früh im Jahr blühen:

- Frühlingsblüher wie Krokus, Scilla, Traubenhyazinthe, Vergissmeinnicht (3–4)
- Frühblühende Stauden wie z.B. Christrose, kriechender Günsel, Maiglöckchen (4–5)

Mit Fruchtgemüse im Hochsommer:

- Bienenfreund (6–9)
- Borretsch (6–8)
- Ringelblumen (7–8)
- Tagetes, ungefüllte Sorten (6–9)
- Andere niedrige Sommerblüher mit ungefüllten Blüten

Im Kräuterbeet

Diese Stauden sitzen über mehrere Jahre am selben Platz. Deshalb eignen sie sich weniger für die Mischkultur mit Gemüse.

- Bergbohnenkraut (8–9)
- Lavendel (6–7)
- Salbei (6–8)
- Schnittlauch (5–6)
- Thymian (6–7)
- Ysop (7–8)

Als niedrige Einfassungen

Viele Gärtner fassen ihre Beete gerne mit niedrigen Hecken ein. Wie wäre es hier mit Pflanzen, die auch Bienen erfreuen? Neben den bereits genannten Kräutern eignen sich auch Katzenminze (5–6) und Immergrüner Gamander (6–7) gut.

Pflanzen am Rande von Gemüsebeeten

- Kornelkirschen, Weiden, Felsenbirnen (3–4)
- Geißblatt (5–7)
- Sommerblumen wie Kornblume, Cosmea, Nigella, Mohn (6–8)
- Spätsommerblüher wie Sonnenblume, ungefüllte Dahlien, Schmetterlingsstrauch (7–10)
- Efeu (ältere, blühende Exemplare; 9–10)

Als Bienenpflanze und Schnittblume geeignet: Nigella.

Jetzt genießen

Sommerfrische Beeren-Ecken

Für 4 Personen

400 g Blätterteig – 4 – 6 EL Puderzucker, und etwas mehr als Dekoration – 600 – 800 g Beeren: Erdbeeren, Blaubeeren, Johannisbeeren, Brombeeren – 300 ml Schlagsahne – 1 TL Vanillezucker – 200 g Mascarpone – 4 EL Natur-Joghurt – Erdbeermarmelade

Zubereitung

- Den Ofen auf 220 °C vorheizen, Blätterteig ausrollen, Dreiecke schneiden und auf ein Blech mit Backpapier legen.
- Für eine glänzende und knackige Kruste etwas Puderzucker über den Teig stäuben. Die Teigdreiecke im Ofen 10 – 15 Minuten goldbraun backen.
- Abkühlen lassen, dann horizontal in eine Ober- und eine Unterhälfte schneiden.
- Erdbeeren längs halbieren. Sahne leicht steif schlagen. In einer Schüssel Vanillezucker, Puderzucker, Mascarpone und Joghurt zu einer geschmeidigen Konsistenz vermischen. Nun die Sahne unterheben.
- Das Unterteil jedes Blätterteigdreiecks mit einem Löffel Marmelade bestreichen, die Erdbeeren am Rand platzieren und die gemischten Beeren ins Innere füllen. Einen guten Esslöffel der Crememasse darauf geben und mit dem Blätterteigdeckel zudecken. Mit Puderzucker und Beeren dekorieren.

Jetzt kreativ werden

Fruchtgummiblätter

Die Bezeichnungen ‚klebrig' und ‚lecker' beschreiben diesen Knabberspaß prima. Am besten benutzt man Beeren, Pflaumen oder Pfirsiche. Experimentieren Sie mit Ihrem Überschuss an Früchten und probieren Sie auch das rote Pflaumen Rezept von den Granitas (Seite 91). Ein bisschen Ceduld braucht man, bis die Fruchtgummiblätter getrocknet sind, aber dann können Sie sich jederzeit ein Stück abreißen und naschen.

Für ein Blatt Fruchtgummi

500 g Erdbeeren
2 – 3 EL Zucker
9 EL Wasser
oder
5 Pfirsiche
9 EL Wasser
75 ml = 5 EL Ahornsirup

Zubereitung

- Den Ofen auf 70 °C vorheizen.
- Egal, welche Früchte Sie benutzen, sie sollten frisch und makellos sein. Kernfrüchte entkernen, schälen und in grobe Stücke schneiden; bei Beerenobst den Stängel entfernen und eventuell halbieren.
- Die Früchte, Wasser und Zucker oder Ahornsirup in einem Topf 5 Minuten köcheln lassen. Danach mit einem Stabmixer oder einer Küchenmaschine zu einem geschmeidigen Mus pürieren. Ein Backblech (30 × 30 cm) mit Backpapier auslegen. Das Früchtemus als dünne Schicht, etwa 0,5 cm hoch, auf das Blech gießen und in den warmen Ofen geben.
- Im Ofen 5 – 6 Stunden trocknen lassen. Nach ein paar Stunden überprüfen, da Öfen variieren und das Mus nicht zu trocken werden sollte. Die Fruchtgummiblätter sind fertig, wenn sie sich noch klebrig, aber nicht nass anfühlen.

- Aus dem Ofen nehmen und abkühlen lassen. Dann mit Frischhaltefolie bedecken, umdrehen, das Papier entfernen und mit einem zweiten Stück Frischhaltefolie bedecken. Die fertigen Fruchtgummiblätter können nun eingerollt im Kühlschrank bis zu 2 Monate aufbewahrt werden.

Ein gesunder und einfach zu transportierenden Knabberspaß, den nicht nur Kinder lieben.

Juli

Der Garten zeigt sich nun von seiner schönsten und üppigsten Seite – nach all der Arbeit können Sie Beeren frisch vom Strauch naschen und warme Sonnenstunden und laue Sommerabende voller Geschmack und Duft genießen.

Wie Sie Ihre Beete richtig ausnutzen

Der Juli ist auch der Monat der Grillfeste – wie schön, dass nun viel mediterranes Gemüse zu reifen beginnt, das sich wunderbar auf den Grill legen lässt. Lassen Sie es jedoch nicht überreif werden: viele Gemüse sind zarter und schmackhafter wenn man sie jung erntet. Durch regelmäßiges Pflücken (alle paar Tage) vermeidet man Überraschungen wie monströse Zucchini, die dann trotz aller Kochkunst nicht besonders gut schmecken. Zudem werden die Pflanzen durch regelmäßiges Pflücken dazu angeregt, neue Früchte zu produzieren.

Sie können jetzt auch alles für weitere Herbst-Ernten vorbereiten. Eine ganze Reihe von Gemüse, das jetzt ausgesät wird, ist bereits in 2 bis 3 Monaten in der Küche verwendbar. Hierzu gehören Chinakohl, Fenchel, Radicchio, Feldsalat und Pak Choi. Sollten die Beete noch nicht ganz frei sein, können diese Gemüse auch in Töpfchen oder Multitopfplatten vorgezogen und später ausgepflanzt werden. Auch für Bohnen, Erbsen und Karotten muss die Aussaat-Saison noch nicht vorüber sein: Hier können letzte Sätze ausgesät werden, die Ernten bis Oktober versprechen. Aber Achtung: Vergessen Sie nicht, Ihre Urlaubszeit einzuplanen – außer, Sie möchten den lieben Menschen, der für Sie gießt, mit viel frischem Gemüse verwöhnen.

Jetzt können Sie sich in der Sommerhitze in Ihren Garten setzen, den Bienen und Vögeln zusehen und sich am Wachstum Ihrer Pflanzen erfreuen. Natürlich darf das Wässern nicht vergessen werden, damit Ihr Garten, der nun so schön gedeiht, Ihnen auch weiterhin eine reiche Ernte beschert.

Nicht ganz einfach zu ziehen, aber die Mühe lohnt sich auf jeden Fall: Pfirsiche.

Jetzt aussäen

Gemüse
- Asia-Salate
- Buschbohnen: letzter Monat
- Chinakohl
- Endivien
- Letzte Erbsen
- Feldsalat: ab Mitte Juli
- Grünkohl: späte Sorten
- Knollenfenchel
- Kohlrabi
- Mairüben, Teltower Rübchen
- Mangold: letzte Aussaaten Anfang des Monats
- Letzte Karotten: frühe Sorten wählen, diese werden bis zum Winter noch reif
- Pak Choi
- Radieschen: Sommer-Sorten
- Rettiche
- Rote Bete: letzte Aussaaten
- Rucola
- Salate

Jetzt aussäen, um dann im Herbst zu ernten: Pak Choi für asiatische Wok-Gerichte.

MIT PFLANZEN DÜNGEN

Beete, die nicht bepflanzt werden, sollte man nicht brachliegen lassen. Säen Sie Gründünger ein, der den Boden bedeckt, Unkraut unterdrückt und eine bodenverbessernde Wirkung hat. Aussaat-Zeit: April–August. Geeignete Pflanzen kann man in zwei Gruppen einteilen:

Leguminosen: Sie sammeln Stickstoff aus der Luft und wandeln ihn in pflanzenverfügbaren Stickstoff um, der sich in ihren Wurzeln ablagert. Man schneidet diese Pflanzen nur ab, der Stickstoff steht dann den nachfolgenden Pflanzen zur Verfügung.

Geeignete Arten: Lupine (Tiefwurzler), Sommerwicke, Inkarnatklee (winterhart); aber auch folgende Gemüse: Erbsen, Bohnen, Dicke Bohnen.

Andere Gründünger: Sie werden eingegraben, bevor sie Samen bilden und erhöhen so den Humus-Gehalt Ihres Bodens.

Geeignete Arten: Bienenfreund, Buchweizen, Winterroggen (Aussaat im Herbst, winterhart). Tagetes und Ringelblumen vertreiben mit ihren Wurzelausscheidungen schädliche Nematoden. Oft werden Gründünger aus der Kohlfamilie empfohlen – diese kollidieren jedoch meist mit der Fruchtfolge.

Jetzt pflanzen

Gemüse

- Blumenkohl und Kohl: späte Sorten
- Brokkoli
- Endivien
- Grünkohl
- Kohlrabi
- Später Lauch
- Radicchio
- Salate
- Stangensellerie

PFLANZEN ANHÄUFELN – WARUM?

Bei manchen Pflanzen ist es günstig, sie anzuhäufeln. Bei Kartoffeln und Fenchel geht es um eine Ertragssteigerung – Kartoffeln produzieren mehr Knollen, bei Fenchel wird die Knolle dicker. Erbsen, Bohnen und Tomaten werden standfester und wachsen danach durch vermehrte Wurzelbildung noch besser. Lauch häufelt man an, um helle und zarte Stangen zu erhalten. Allerdings: Nicht alle Pflanzen lieben es, angehäufelt zu werden – nur die oben genannten.

Der Winter-Klassiker aus Italien: Radicchio kann noch bis Ende Juli gepflanzt werden.

Verblüffen Sie Gäste mit Zucchini in Ufo-Form (Zucchini 'Sunburst').

Jetzt pflegen

Allgemeine Check-Liste

- Wässern, hacken, mulchen.
- Falls nötig, Gemüse jetzt mit schnell wirkenden Düngern nachdüngen (siehe auch Seite 62).
- Gewächshaus: stets gut lüften. Damit Ihr Gemüse in der Sommerhitze nicht verbrennt, mit Schattierfarbe oder Matten schattieren.

Gemüse

- Blumenkohl: Damit die Köpfe schön weiß bleiben, 2 – 4 Randblätter als Sonnenschutz nach innen einknicken, wenn die Köpfe ca. faustgroß sind.

Rosenkohl-Röschen, die wir im Winter ernten, sind eigentlich Knospen von Seitentrieben.

- Dicke Bohnen und Erbsen: abgeerntete Pflanzen nicht ausreißen, sondern an der Erdoberfläche abschneiden. Die Wurzeln dieser Pflanzen haben Stickstoff gesammelt, der den nächsten Pflanzen in diesem Beet zugute kommt.
- Fenchel: anhäufeln, wenn die Knollen ungefähr Hühnerei-groß sind, Hälfte der Knollen mit Erde bedecken.
- Kartoffeln und Lauch: anhäufeln.
- Tomaten: wöchentlich ausgeizen und anbinden. Sollten sich schon 5 Blütentrauben gebildet haben, kneifen Sie die Spitze aus. So wird sichergestellt, dass alle Tomaten reifen.
- Zwiebeln: Knicken Sie das Zwiebellaub entgegen einer althergebrachten Ansicht vor der Ernte nicht um. Wenn die Zwiebeln reif sind, vergilbt das Laub von selbst. Das Umknicken des Laubes beeinträchtigt die Lagerfähigkeit.
- Pflanzenschutz: Halten Sie nach der Krautfäule bei Kartoffeln und Tomaten Ausschau; entfernen Sie befallene Blätter sofort und entsorgen Sie sie im Hausmüll.

Kräuter

- Lavendel, Salbei, Rosmarin: durch Stecklingsvermehrung Pflanzen für das nächste Jahr gewinnen.

Obst

- Obstbäume: Äste, die sehr viele Früchte tragen, sollten gestützt werden.
- Erdbeeren: Pflanzen, die bereits drei Jahre lang gefruchtet haben, werden nun entfernt.
- Kirschen: Sauerkirschen nach der Ernte zurückschneiden.
- Pflanzenschutz: weiter auf Krankheiten wie Monilia und Feuerbrand achten (siehe Seite 79), alle faulenden oder schimmelnden Früchte sofort entfernen.

Jetzt ernten

Gemüse und Kräuter

- Erste Artischocken
- Asia-Salate
- Blumenkohl: frühe Sorten
- Brokkoli
- Buschbohnen: 2–3 × pro Woche durchpflücken
- Dicke Bohnen
- Erbsen: 2 × pro Woche durchpflücken
- Erste Gurken
- Karotten
- Kartoffeln: frühe Sorten
- Knoblauch: erst, wenn alle oberirdischen Teile abgestorben sind.
- Knollenfenchel: frühe schossfeste Sorten
- Kohl: Sommersorten
- Kohlrabi
- Lauchzwiebeln
- Mangold
- Neuseeländer Spinat

- Radieschen
- Rettiche
- Rote Bete
- Rucola
- Salate
- Schalotten
- Zucchini: 2 × pro Woche pflücken
- Zwiebeln
- Alle Kräuter: kurz vor der Blüte geerntet, schmecken sie am intensivsten.

Obst

- Blaubeeren, letzte Erdbeeren, Himbeeren
- Johannisbeeren und Stachelbeeren
- Kirschen

Im Gewächshaus:

- Auberginen
- Chilis, Paprika, Tomaten

Radieschen können jetzt nicht nur geerntet, sondern auch immer noch gesät werden. Achten Sie auf Sorten, die für die Sommer-Aussaat geeignet sind.

ESSBARE BLÜTEN

Erstaunlich viele Blüten können auf Speisen gestreut werden, um Geschmack und Schönheit zu steigern. Verwenden Sie sie jedoch sparsam, manche können recht intensiv schmecken. Folgende Blüten, die Sie sowieso im Gemüse- und Kräutergarten finden, eignen sich gut:

- Basilikum, Fenchel, Koriander, Rosmarin, Salbei, Thymian: Die Blüten schmecken ähnlich wie das Laub und sind eine schöne Dekoration auf Speisen.
- Dill: Die Blüten schmecken ähnlich wie das Laub, man verwendet sie außerdem zum Einmachen von Gurken.

- Kapuzinerkresse: pfefferiger Geschmack; verwenden Sie ganze Blüten als Salat-Garnitur oder mischen Sie gehackte Blüten mit Butter. Noch grüne Samen-Kapseln kann man als Kapern-Ersatz einlegen.
- Lavendel: Eignet sich getrocknet für Lavendelzucker zum Backen und für Desserts. Man kann ihn auch in Milch einweichen, um Desserts und Eis zu parfümieren. Nicht zuletzt ist er ein Klassiker in herzhaften Gerichten und Marinaden der südfranzösischen Küche.
- Kürbis, Zucchini: Die großen Blüten schmecken zart nussig. Entfernen

Sie Stempel und Staubgefäße und füllen Sie sie mit Ricotta und Kräutern. Danach in den Backofen geben oder in Teig ausbacken.
- Radieschen, Rucola, Pak Choi, Senf: Falls die Pflanzen trotz bester Bemühungen schießen, können Sie immer noch die Blüten essen. Sie haben einen milden bis würzigen Senf-Geschmack. Streuen Sie sie über Salate, asiatische Gerichte, Suppen oder Pasta.
- Ringelblumen, Tagetes: haben einen leicht bitteren Geschmack, können in Salate gemischt werden und eignen sich hervorragend, um Reis dottergelb einzufärben.

Dillblüten: unverzichtbar für eingelegte Gurken und Graved Lachs.

Jetzt genießen

Granitas und Eislollis

Um selbst geernteten Früchte über längere Zeit zu genießen, sind Granitas und Eislollis eine schnelle und schmackhafte Idee. Eine Granita ist ähnlich wie ein Sorbet, nur mit weniger Zucker und ohne Eiweiß. Daher hat sie zwar eine kantigere Konsistenz, ist aber leichter zuzubereiten.

Granita aus Himbeeren

5 EL Zucker
200 ml Wasser
5 EL Zitronensaft
400 g Himbeeren, gewaschen

Pflaumen-Granita

600 g rote Pflaumen
125 g Zucker
160 ml Apfelsaft

Zubereitung

Zwei Punkte sollten Sie vorab beachten: Die Menge an Zucker ist abhängig von Ihrem Geschmack und der Süße der Früchte. Grobe Richtlinie: maximal ⅓ Zucker, mindestens ⅔ Früchte. Abschmecken während der Zubereitung ist wichtig. Möchten Sie die Eislollis oder Granitas länger als ein paar Wochen im Eisfach aufbewahren, sollten Sie die Früchte vorher kochen. So bleibt die Farbe erhalten.

- **Himbeer-Granita:** Zucker, Wasser und Zitronensaft in einem Topf bei mittlerer Hitze köcheln, bis der Zucker aufgelöst und die Konsistenz sirupartig ist. Vom Herd nehmen und abkühlen lassen.
- Himbeeren pürieren und das Himbeermus durch ein Sieb passieren. Jetzt den Sirup in Etappen zu den Beeren geben, bis die richtige Süße erreicht ist.
- **Pflaumen-Granita:** Früchte entkernen und vierteln. Die Pflaumen mit Zucker und Apfelsaft weich köcheln. Vom Herd nehmen und pürieren. Abkühlen lassen.
- Für die **Eislollis** die Masse in die Formen geben und einfrieren.
- Für die **Granita** einen Eisbehälter mit dem Fruchtpüree füllen. Wenn gewünscht, einen Schuss Alkohol dazu geben. Dann in die Gefriertruhe stellen. Nach ungefähr 1–2 Stunden (sobald sich Eiskristalle bilden) heraus nehmen. Mit einer Gabel die Eiskristalle zerbrechen und gut durchrühren, dann zurück in die Eistruhe. Alle 1–2 Stunden drei Mal wiederholen, bis die Granita geschmeidig ist.
- Granita 15–30 Minuten vor Verzehr in den Kühlschrank stellen. Mit frischen Früchten oder Minzeblättern servieren.

Jetzt kreativ werden

Blumen-Arrangements

Einen Blumenstrauß aus dem eigenen Garten zu pflücken – ob als Geschenk oder für sich selbst – bringt viel Freude und hat eine persönlichere Note als ein Strauß aus dem Supermarkt. Nicht jeder hat Zeit oder Gelegenheit, einen Floristik-Kurs zu belegen – deshalb haben wir ein paar hilfreiche Tipps und Tricks zusammengestellt.

Pflücken

- Der beste Zeitpunkt ist der frühe Morgen oder der späte Abend. Vermeiden Sie die Mittagshitze, weil Ihre Blumen dann schneller welken. Nehmen Sie auf längere Ernte-Streifzüge einen Eimer Wasser mit.
- Nicht nur gerade aufgeblühte Blüten eignen sich, denken Sie auch an Knospen von Pflanzen oder Samenkapseln, so z.B. Knospen von Artischocken, falls Sie diese lieber bewundern statt essen, oder Samenkapseln von Nigella und Mohn.
- Plündern Sie ruhig auch Ihre Gemüse- und Kräuterbeete: Zitronengelbe Dill- und Fenchelblüten sehen toll mit pinkfarbenen, dunkelroten und blauen Blüten aus. Manche Mangoldsorten, wie z.B. 'Bright Lights' haben so verblüffend schöne Blätter, dass sie zum Essen eigentlich fast zu schade sind und in einer Vase bewundert werden können. Lassen Sie Ihrer Phantasie freien Lauf!
- Nicht zuletzt sind auch Unkräuter geeignet (falls sich solche in Ihrem Garten finden …), so z.B. Gräser oder Schachtelhalm.

Kombinieren von Farben und Formen

- Die sicherste Variante ist, bei einem Farbton zu bleiben – das Resultat wird elegant und edel sein.
- Durch das Zusammenstellen von Komplementärfarben wie gelb und lila, blau und orange, rot und grün erhalten sie die lebhaftesten Farbkontraste.
- Die Kombination vieler verschiedener Farbtöne funktioniert am besten, wenn die Farbintensität von allen Farbtönen ähnlich ist: z.B. ausschließlich Pastelltöne oder ausschließlich poppige Farben.
- Kombinieren Sie unterschiedliche Formen: z.B. runde Dahlienblüten mit langen dünnen Löwenmäulchen und duftigen Fenchelblüten-Wolken.
- Vergessen Sie das »Füllmaterial« nicht, um Arrangements zu vollenden, z.B. Nigella, blühender Spargel oder Grünkohlblätter.

Binden

- Entfernen Sie alle Blätter, die mit dem Wasser in der Vase in Berührung kommen könnten, dann halten sich die Blumen länger.
- Schneiden Sie die Stiele schräg an, je schräger desto besser. Je größer der Schnitt ist, desto mehr Wasser können die Blütenstiele aufnehmen. Holzige Stiele brauchen noch etwas mehr Hilfe, versehen Sie diese mit einem ca. 2 – 3 cm langen vertikalen Schnitt in den Stamm.

Präsentieren

- Eine alte Regel heißt: je breiter der Hals der Vase, desto mehr Blumen werden benötigt. Aber Regeln sind zum Brechen da – manchmal sehen gerade wenige Stiele in einem weiten Gefäß besonders elegant aus. Lassen Sie Ihrer Kreativität freien Lauf.
- Experimentieren Sie auch bei der Auswahl der Vase: Probieren Sie doch einmal Gefäße aller Art aus, von farbenfrohen Blechdosen über Körbe bis hin zu Holzgefäßen oder gar ausgehöhlten Früchten. Verstecken Sie ein Glas im Inneren, wenn das Behältnis nicht wasserdicht ist.
- Für lang anhaltende Blüten das Wasser täglich erneuern. Stellen Sie die Blumen nicht in direktes Sonnenlicht oder neben die Obstschale, sonst welken sie schneller.

Tischdekoration einmal anders: Für dieses Gesteck wurden außer Dahlien auch Samenstände von Amaranth, Chili-Schoten, Grünkohl-Blätter und Physalis-Kapseln verwendet.

August

Der August kann uns noch einmal mit heißen Tagen verwöhnen. Gut dass im Garten nun weniger zu tun ist. Dafür gibt es jetzt eine Menge zu ernten und zu genießen. Gegen Ende des Monats werden die Tage jedoch merklich kürzer und die Abende kühler.

Sommer, Sonnenschein und volle Ernte-Körbe

Zu Gemüse und Beeren kommen auch frühe Äpfel, Pflaumen und die ersten Brombeeren in den Erntekorb. Wenn Sie Zucchini, Gurken und Bohnen etwa alle zwei Tage durchpflücken, fördern Sie den Ansatz weiterer Blüten und Früchte. Kräuter haben in der Sommerhitze ein besonders intensives Aroma, mit ihnen können Sie Kräuteröle und -essige für den Winter würzen.

Auch eine andere Art der Ernte wird jetzt immer aktueller: Sammeln Sie Samen Ihrer Lieblingspflanzen. Welche sich dafür besonders eignen, können Sie auf Seite 131 nachlesen.

Ab Mitte August kann man die ersten Lagerkartoffeln ernten. Bei dieser Arbeit sind Kinder immer gerne dabei: Das Graben nach den Knollen gestaltet sich dann wie eine Schatzsuche. Warten Sie mit der Ernte auf einen warmen, trockenen Tag und darauf, dass die meisten Blätter abgestorben sind. So lassen sich die Kartoffeln besser lagern.

Der August ist noch ideal für die Aussaat von Wintergemüse. Auf Beeten, auf denen in diesem Jahr keine Ernte mehr geplant ist, können Sie Gründünger aussäen. Er bedeckt den Boden, so kann kein Unkraut hochkommen. Viele dieser Pflanzen haben auch sehr tiefgehende Wurzeln, die den Boden lockern, manche Arten können den Boden über den Winter bedecken. Mehr Details hierzu finden Sie auf Seite 86.

Riesen-Tagetes 'Simba'

Jetzt aussäen

Gemüse und Kräuter

- Asia-Salate
- Chinakohl
- Feldsalat
- Lauchzwiebeln
- Mairüben, Teltower Rübchen
- Pak Choi
- Radieschen
- Rucola
- Salate: Pflücksalate
- Spinat
- Winterzwiebeln: ausschließlich in Gegenden mit milderem Winter
- Petersilie
- Sauerampfer

Was jetzt noch gepflanzt werden kann

- Endivien
- Kohlrabi
- Salate: späte Sorten
- Neue Erdbeeren

WELLPAPPE GEGEN APFELWICKLER

Der Apfelwickler ist ein Falter, der seine Eier von Mai bis Juli auf Apfelbäumen ablegt. Die Larven, also die sprichwörtlichen Würmer im Apfel, befallen die Früchte und ernähren sich vom Fruchtfleisch. Ungefähr ab Juli kriechen sie aus den Äpfeln und suchen sich am Stamm des Baumes versteckte Plätzchen, wo sie sich verpuppen und ihre Winterruhe verbringen. Befestigen Sie ca. 10 cm breite Wellpappe-Streifen mit der geriffelten Seite nach unten unterhalb der Baumkrone. Die Larven nehmen die Wellpappe als Unterschlupf an und verpuppen sich dort. Nach der Apfelernte können Sie die Papp-Ringe einfach abnehmen und mitsamt den verpuppten Larven vernichten. Dadurch können Sie kommende Apfelwickler-Generationen reduzieren. Natürliche Feinde des Apfelwicklers sind Meisen, Spechte, Ohrwürmer, Schlupfwespen und Fledermäuse. Die Ohrwürmer schlüpfen übrigens auch gerne unter die Wellpappe und vertilgen die Larven dort.

Jetzt aussäen und lange ernten: Rucola kann Frost bis −5 °C gut überstehen.

Wenn Sie unter Erdbeerausläufer erdgefüllte Töpfchen setzen, erhalten Sie perfekt 'eingetopfte' Pflanzen.

Jetzt pflegen

Allgemeine Check-Liste

- Weiter fleißig gießen und hacken.
- Pflanzenschutz: Suchen Sie Beete weiter nach Schnecken, Raupen und Eigelegen von Kohlweißlingen ab, entfernen Sie diese.
- Gewächshaus: gut lüften.

Gemüse

- Falls nötig, letzte Stickstoff-betonte Düngung von Herbstgemüse wie Rosen- und Grünkohl.
- Fenchel und Lauch anhäufeln
- Tomaten: noch mal düngen. Weiter nach Krautfäule Ausschau halten, befallene Blätter sofort entfernen und im Hausmüll entsorgen.
- Welche Tomatensorten, welche Zucchini sind Ihre Favoriten? Notieren Sie es im Gartentagebuch.

Kräuter

- Kräuter: Alle Kräuter die geblüht haben, zurückschneiden, damit sie in Form bleiben.

Obst

- Obstbäume: Sommerschnitt bei stark wachsenden Sorten (siehe Seite 79). Stützen Sie Zweige, die schwer mit Früchten behangen sind, damit sie nicht abbrechen.
- Johannis- und Stachelbeerensträucher können nach der Ernte ausgelichtet werden (siehe Seite 28).
- Erdbeeren: neue Beete anlegen. Erdbeeren, die bereits drei Jahre getragen haben, durch Jungpflanzen ersetzen. Auf dem neuen Beet sollten mindestens 4 Jahre keine Erdbeeren gestanden haben. Kompost (3 l/m²) und organischen Beerendünger einarbeiten, zusätzlicher Laubkompost macht die Beeren glücklich. Beim Pflanzen darauf achten, dass das Herz der Pflänzchen knapp über dem Boden sitzt. Sitzt es zu tief, faulen sie.
- Himbeeren: abgetragene Ruten am Boden zurückschneiden, neue Triebe am Rankgerüst befestigen.
- Fallobst jeglicher Art gleich entfernen. Faulende und schimmelnde Früchte ziehen Wespen an und verbreiten Krankheiten.

Schwarze Johannisbeeren haben einen sehr hohen Gehalt an Vitamin C.

Legen Sie alte Dachziegel unter Kürbisse: So werden Faulstellen an den Früchten vermieden.

Jetzt ernten

Gemüse und Kräuter

- Artischocken
- Asia-Salate
- Auberginen
- Blumenkohl
- Brokkoli
- Busch- und Stangenbohnen: 2 – 3 × pro Woche durchpflücken
- Chilis
- Dicke Bohnen
- Erbsen: 2 – 3 × pro Woche durchpflücken
- Knollenfenchel: frühe schossfeste Sorten
- Gurken: ca. alle drei Tage pflücken
- Karotten
- Kartoffeln

- Knoblauch: erntefrisch hat er ein dezenteres Aroma
- Kohl
- Kohlrabi: jung pflücken, sonst werden sie holzig
- Lauch: frühe Sorten wie 'Bavaria' oder 'Easton'
- Melonen: mit Glück ab Ende des Monats
- Mangold
- Neuseeländer Spinat: Triebspitzen auskneifen
- Paprika
- Radieschen
- Rettich
- Rote Bete: nicht zu groß werden lassen
- Rucola: nicht nur als Salat, auch als Pesto gut
- Salate
- Tomaten
- Zucchini: 2 × pro Woche durchpflücken
- Zuckermais
- Zwiebeln: nach der Ernte in der Sonne trocknen lassen
- Alle Kräuter

Obst

- Erste Äpfel: gleich verarbeiten, oft nicht lagerfähig
- Erste Brombeeren
- Himbeeren: späte Sorten wie 'Autumn Bliss'
- Johannisbeeren
- Pflaumen
- Letzte Stachelbeeren

Im Gewächshaus

- Auberginen: höhere Erträge unter Glas
- Chilis
- Gurken
- Melonen: reifen im Gewächshaus zuverlässiger
- Paprika
- Tomaten

Bei den späten Stachelbeersorten sind Neuzüchtungen mit weniger Stacheln erhältlich.

Jetzt genießen

Asiatische Sommerrolle

Die Zubereitung dieser Sommerrollen macht auch Kindern großen Spaß. Einzeln verpackt sind sie ein willkommener Leckerbissen in jedem Picknickkorb.

Zutaten für 4 Personen

200 g Vermicelli-Reisnudeln – 8 große Reispapier-Wraps – 1 Avocado – 1 rote Paprika – 2 Frühlingszwiebeln – 1 Karotte – 1 Bund Minze – 1 Bund Koriander – 16 Riesengarnelen, gekocht, geschält (alternativ 2 gebratene, in Scheiben geschnittene Hühnerbrüste)

Zutaten für den Dip

1 EL Soja-Sauce
1 EL Fischsauce
1 EL Reisweinessig
1 rote Chili
½ Gurke

Zubereitung

Dieses Gericht kann man mit verschiedenen Zutaten, je nach Geschmack, variieren. Die Reispapier-Wraps gibt es oft in zwei Größen, ein Durchmesser von 22 cm ist ideal und macht die Arbeit einfacher. Man kann die Sommerrollen auch einen Tag vorher zubereiten, einzeln in Frischhaltefolie verpacken und im Kühlschrank aufbewahren.

- Die Reisnudeln nach Anleitung vorkochen, mit kaltem Wasser abschrecken und abkühlen lassen.
- Das Gemüse in 8–10 cm lange Streifen schneiden.
- Jeden Reispapier-Wrap kurz in einem tiefen Teller mit kaltem Wasser einweichen bis er flexibel wird.
- Nun kann sich jeder seine eigene Rolle zusammenstellen. Den eingeweichten Wrap auf einen flachen Teller legen. In der Mitte des Wraps eine daumendicke Reihe von kalten Vermicelli legen, dabei rechts und links jeweils 5 cm bis zum Rand frei lassen. Dann zum Beispiel 1–2 Riesengarnelen, ein paar Scheiben Avocado, etwas Frühlingszwiebel, rote Paprika und Kräuter auf die Nudeln legen.
- Zum Wickeln der Rolle falten Sie die Seiten des Wraps zur Mitte, dann falten Sie das untere Ende über die Fülle und rollen das Ganze zu einer Sommerrolle. Sollte Ihre Rolle nicht zusammenhaften, einfach zur Seite legen, nach ein paar Minuten klebt sie dann ganz von selbst.
- Der Dip ist das Tüpfelchen auf dem i; dafür die Soja-Sauce, die Fischsauce und den Reisweinessig mischen, mit dünnen Streifen von Chili und etwas klein gewürfelter Gurke garnieren.

Jetzt kreativ werden

Öl und Essig mit Gartenkräutern

Durch das Aromatisieren von Essig und Öl können Sie das Aroma Ihrer Gartenkräuter länger genießen. An einem kühlen, dunklen Platz halten sich diese Essenzen für 3 bis 6 Monate. Sie geben Ihren Salaten und täglichen Gerichten eine würzige Note. Auch lassen sich daraus – in schönen Flaschen abgefüllt und mit einer persönlichen Notiz versehen – wunderbare Mitbringsel für Freunde herstellen.

Hierfür kann man Gartenkräuter und essbare Blumen oder Früchte unendlich kombinieren, die meisten Kombinationen folgen aber einem Grundrezept. Im Folgenden haben wir Ihnen einige unserer Lieblingskombinationen zusammengestellt.

Grundrezept

Kräuter in ihrem besten Zustand pflücken, sanft waschen und abtrocknen. Sie müssen vor der Weiterverarbeitung komplett trocken sein, sonst kann sich Schimmel bilden, vor allem wenn sie in Öl eingelegt werden. Sobald die Kräuter trocken sind, in eine saubere, trockene Flasche oder ein Glas geben und mit Essig oder Öl übergießen, so dass sie bedeckt sind. Den Deckel gut verschließen und 2 bis 3 Wochen stehen lassen, dabei täglich kurz schütteln.

Danach durch ein Kaffeefilter oder ein Musselintuch in das Endbehältnis filtern.

Noch ein Tipp: Olivenöl sollte nicht zu intensiv schmecken, damit es die Kräuter nicht übertönt.

Viele Kräuter eignen sich für die Aromatisierung von Essig und Öl, aber auch verschiedene Früchte, Knoblauch, Schalotten und Chilis machen daraus etwas Besonderes.

Basilikum-Essig

Für Sommersalate, lecker mit Tomaten.

- 500 ml Weißweinessig
- 7 Stängel Basilikum

Himbeeressig

Hat eine wunderschöne Farbe und das fruchtige Aroma passt das ganze Jahr über zu Salaten.

- 1 l Apfelweinessig oder Weißweinessig
- 300 g Himbeeren

Erdbeeressig

Hat eine sanft-süße Note.

- 1 l Apfelweinessig
- 300 g Erdbeeren, halbiert, Stiele entfernt
- 6 Basilikumblätter

Thymian-Chili-Öl

Zum Würzen von gegrilltem Huhn oder gegrilltem Gemüse.

- 500 ml Olivenöl
- 4 große Zweige Thymian
- 1–3 Chilischoten, je nach gewünschter Schärfe

Fenchel-Zitronen-Öl

Verleiht im Ofen geröstetem oder gegrilltem Gemüse ein ganz besonderes Aroma.

- 500 ml Olivenöl
- Schale einer Zitrone, wenn möglich ohne das weiße Fleisch
- 1 Esslöffel Fenchelsamen, im Mörser leicht zerstoßen

Knoblauch-Chili-Öl

Gibt Fleisch und Gemüse beim Anbraten mehr Geschmack. Mit der Wahl der Chili können Sie die Schärfe bestimmen. Die kleinen sind oft die schärferen.

- 500 ml Rapsöl, zum Anbraten geeignet
- 3 Knoblauchzehen, gerne auch mehr – je nach Geschmack
- 1 bis 2 Chilischoten

Fast zu schön für die Vorratskammer: Kräuteröle und -essige eignen sich auch gut als Geschenk.

September

Der September beschert uns Äpfel, Birnen und Zwetschgen im Überfluss.
Ein großer Vorteil von eigenen Obstbäumen und -sträuchern ist, dass man die
Früchte im völlig ausgereiften Zustand ernten kann – im Gegensatz zu Obst aus
dem Handel. Das Aroma von selbst geerntetem Obst ist also unübertroffen.

Gartenschätze ernten und weiterverarbeiten

Äpfel und Birnen sind dann pflückreif, wenn sich der Stiel rasch vom Zweig löst, sobald man die Frucht dreht. Aber schauen Sie doch auch einmal über Ihren Gartenzaun hinaus: Jetzt werden viele Wildfrüchte wie z. B. Holunderbeeren und Hagebutten reif. Bei Obst und Gemüse, das gelagert werden soll, ist es wichtig, an trockenen Tagen am Nachmittag zu ernten.

Ein großer Teil der Arbeit verlagert sich nun – je nach Größe Ihres Gartens – in die Küche. Die zeitsparendste Methode der Haltbarmachung ist das Einfrieren. Deshalb lohnt es sich, noch einmal einen Blick in die Gefriertruhe zu werfen: Müssen noch »Schätze« vom letzten Jahr gegessen werden, um Platz zu schaffen? Etwas zeitaufwendiger ist das Selbermachen von Marmeladen, Grillsoßen, Ketchups und Chutneys. Die Ergebnisse sind dafür lecker, etwas Besonderes und in keinem Laden erhältlich – und eignen sich später vielleicht auch als Weihnachtsgeschenke.

Obwohl uns der Sinn jetzt nach Ernten und Verarbeiten steht, können wir in der ersten Monatshälfte noch einiges für die Salatschüssel aussäen, z. B. Asia-Salate und Feldsalat. Diese Pflanzen kann man bis in den Winter hinein pflücken, wenn man sie in einem Frühbeetkasten oder frostfreien Gewächshaus zieht. Auch ohne diese Hilfsmittel kann man von diesen Pflanzen noch späte Ernten einbringen, da sie sehr schnell wachsen.

Der Herbst naht mit schnellen Schritten, und gelegentlich gibt es in manchen Gegenden bereits erste leichte Fröste. Das Garten-Vlies sollte nun aus der hintersten Ecke des Schuppens wieder nach vorne gerückt werden.

Ernten Sie jetzt Tomaten für Salate, Soßen oder unser hausgemachtes Ketchup.

Jetzt aussäen

Im Freiland

- Asia-Salate
- Feldsalat
- Löffelkraut
- Rucola
- Spinat
- Winterportulak

Im Frühbeet, Folientunnel oder Gewächshaus

- Lauchzwiebeln
- Pflücksalat
- Radieschen

Winter-Portulak schmeckt so ähnlich wie Feldsalat und lässt sich ebenso verwenden.

Jetzt pflanzen

Im Freiland

Gemüse und Kräuter

- Letzte Pflücksalat-Pflanzen
- Knoblauch: in Gegenden mit mildem Winter
- Chinakohl*
- Endivien*
- Kräuterstauden teilen, neu aufpflanzen

* später ggf. mit Folientunnel schützen

Obst

- Letzte Erdbeeren: Anfang des Monats
- Rhabarber

Im Frühbeet, Folientunnel oder Gewächshaus

- Pflücksalat
- Winterkopfsalat: z. B. 'Butterkopf', 'Merveille des quatres Saisons'
- Radicchio: winterfeste Sorten

Auf freiwerdenden Beeten, auf denen keine anderen Kulturen geplant sind, können Sie noch Gründünger einsäen:

- Bienenfreund: bis Mitte des Monats
- Winterroggen

Säen Sie jetzt Barbarakraut, Portulak und Löffelkraut. So bleibt den Pflanzen genügend Zeit, bis zum Winter heranzuwachsen. Alle drei sind kälteunempfindlich und überwintern deshalb ohne Probleme. Pflücken Sie die Blättchen im Winter und peppen Sie im Laden gekauften Salat damit auf – sowohl optisch, als auch bezüglich des Nährwerts: Löffelkraut und Barbarakraut enthalten erstaunlich viel Vitamin C. Winterportulak schmeckt ähnlich wie Feldsalat.

SAMMELN SIE SAMEN VON IHREN PFLANZEN

Eine sehr befriedigende Beschäftigung: Man kommt einfach und günstig an viele Samen für das nächste Jahr und kann Auslesen von Pflanzen gewinnen, die gut im eigenen Garten wachsen.

Vorab ein kurzer Exkurs in die Botanik: Wir erhalten nur Samen mit exakt den gleichen Eigenschaften von Pflanzen, die Selbstbefruchter sind, z.B. Busch- und Stangenbohnen, Erbsen, Tomaten und Salate.

Die meisten anderen Gemüse werden mit Pollen von derselben Pflanzenart, aber nicht derselben Pflanze, bestäubt, sodass die Nachkommen nur sortenrein ausfallen, wenn sich nur diese eine Sorte im weiteren Umkreis befindet. In diesem Fall können Sie exakte Nachkommen von Dicken Bohnen, Auberginen, Paprika, Gurken, Melonen, Zucchini und Kürbissen gewinnen.

Von F_1-Hybriden erhält man keine sortenreinen Nachkommen (siehe Seite 18). Andererseits können gerade fremdbestäubte Pflanzen mit interessanten Überraschungen aufwarten.

So wird's gemacht:

- Markieren Sie eine Pflanze, die besonders wüchsig ist oder besonders schmackhafte Früchte hat, frühzeitig.

- Lassen Sie die Samen voll ausreifen, sonst keimen sie nicht. Bei Pflanzen mit Samenkapseln ist es erst so weit, wenn die Kapseln trocken und braun sind.
- Ernten Sie die Samen an einem trockenen Tag, am besten nachmittags.
- Breiten Sie sie danach auf einem Tablett o.Ä. aus und bewahren Sie die Samen in einem warmen, trockenen Raum, damit jegliche Feuchtigkeit verdunstet.
- Trennen Sie die Samen von den Samenhüllen.
- Gehen Sie bei Gemüse, bei dem die Samen in Fruchtfleisch gebettet sind, so vor: Pflücken Sie eine Frucht, die ausgereift, also schon weich, ist. Frucht aufschneiden, Kerne vorsichtig mit einem Löffel auslösen, in einem Sieb waschen und auf Küchenpapier oder einem Löschblatt trocknen.
- Tomaten- und Gurkensamen sind mit einer dünnen, glibberigen Schicht umhüllt, die verhindert, dass sie in der Pflanze keimen. Wenn Sie Samen länger aufbewahren oder weitergeben wollen, empfiehlt es sich, diese vorher folgendermaßen zu behandeln:
- Fruchtfleisch nicht vollständig abwaschen, sondern Samen und Fruchtfleisch in ein Glas mit lauwarmem Wasser geben. Nach ein paar Tagen beginnt die

Masse zu gären, dadurch wird die Glibber-Hülle zerstört. Waschen Sie die Masse in einem Sieb ab, die Samen können danach wie üblich getrocknet werden.

Packen Sie getrocknete Samen in Papierumschläge, Name der Pflanze und Datum nicht vergessen. Samen sollten stets trocken und dunkel aufbewahrt werden, z.B. in einem Karton in einem kühlen Raum. Hinweise zur Haltbarkeit von Samen finden Sie in der Liste auf Seite 131.

Die Samen der Ringelblume sind die halbmondförmigen Gebilde im Inneren.

Jetzt pflegen

Allgemeine Check-Liste

- Komposthaufen umsetzen: So gewinnen Sie Platz für Ernterückstände und Laub, welche bald in Mengen anfallen.

Bei guter Pflege gibt es jetzt nicht nur viel zu ernten, sondern der Garten sieht auch noch sehr gut aus.

Gemüse und Kräuter

- Endiviensalat: zusammenbinden, damit die inneren Blätter gebleicht werden.
- Kohl: Blätter weiter auf Eigelege oder Raupen von Kohlweißlingen überprüfen.
- Lauch: noch mal anhäufeln.
- Gurken, Tomaten und Zucchini: Blüten entfernen, damit vorhandene Früchte sicher ausreifen. Diese Pflanzen mögen keine kühlen Temperaturen, bedecken Sie sie in kalten Nächten mit Garten-Vlies.
- Gemüsebeete allgemein: Beete, die bei kühlen Temperaturen mit mobilen Folientunnels oder Vlies bedeckt sind, sollten gelüftet bzw. von Folie oder Vlies befreit werden, sobald es wieder wärmer wird, damit Fäulnis vermieden wird.
- Basilikum: an kühlen Tagen und in kühlen Nächten abdecken.

Obst

- Obstbäume: Sommerschnitt Anfang des Monats beenden.
- Obstgehölze: Kompost auf Baumscheiben ausbringen, um den Blütenansatz für das nächste Jahr zu fördern.
- Apfelbäume: Nach der Ernte können Wellpappen-Ringe abgenommen und mitsamt den sich darin verpuppten Apfelwickler-Larven vernichtet werden.
- Erdbeeren: Anfang des Monats letzte Gelegenheit zur Pflanzung. Bereits bestehende Beete ausputzen, Ausläufer entfernen, mit Kompost oder organischem Beerendünger versorgen, falls bisher keine Düngung erfolgte.
- Himbeeren: abgetragene Ruten ausschneiden. Auf Rutenkrankheit überprüfen: dann haben die Ruten violette bis braune Flecken. Solche Ruten ebenfalls in Bodenhöhe herausschneiden und im Müll entsorgen.
- Fallobst regelmäßig entfernen: faulende und schimmelnde Früchte ziehen Wespen an und verbreiten Krankheiten.

Jetzt ernten

Im Freiland

Gemüse und Kräuter

- Asia-Salate, Endivien, Feldsalat, Rucola, Salate
- Blumenkohl, Brokkoli, Wirsing
- Busch- und Stangenbohnen, Erbsen
- Chilis, Paprika und Tomaten
- Chinakohl, Pak Choi
- Fenchel
- Gurken
- Karotten
- Kartoffeln
- Kohl, Kohlrabi
- Erste Kürbisse
- Lauch
- Mangold
- Radicchio, frühe Sorten
- Radieschen, Rettiche
- Rote Bete
- Sellerie
- Spinat
- Zucchini
- Zuckermais
- Zwiebeln
- Alle Kräuter

Obst

- Äpfel, Birnen, Pflaumen und Zwetschgen
- Brombeeren
- Haselnüsse
- Himbeeren: Herbst-Sorten
- Weintrauben

Im Gewächshaus

- Auberginen
- Chilis, Paprika und Tomaten
- Gurken und Melonen

Der September beschert uns prall gefüllte Ernte-Körbe.

OBST UND GEMÜSE LAGERN

Tipps und Tricks für gutes Gelingen: Lassen Sie Obst und Gemüse nach der Ernte an einem kühlen Ort abtrocknen. Waschen Sie sie nicht, sondern bürsten Sie anhaftende Erde vorsichtig ab. Beschädigte Früchte sollten gleich verarbeitet werden.

Lagerung im Keller

Alte, dunkle Keller mit Ziegel- oder Lehmboden eignen sich optimal, je kühler und feuchter desto besser. Ideal sind Temperaturen zwischen 2 bis 8 °C mit einer Luftfeuchtigkeit um 90 Prozent. Meistens muss man sich jedoch anderweitig behelfen: Auch aufgestellte Wassereimer erhöhen die Luftfeuchtigkeit. In allen Fällen ist eine gute Belüftung sehr wichtig.

Äpfel und Birnen: Früchte in einer Lage auf Holzkisten oder Horden legen, ohne dass sie sich berühren. Sie sondern Ethylen ab, das den Reifeprozess von Gemüse beschleunigt. Dieses in einem anderen Raum lagern oder so weit wie möglich entfernt. Stets gut lüften.

Kartoffeln: lose in Holzkisten oder Jutesäcken aufbewahren, Licht verursacht grüne, giftige Stellen.

Karotten, Rettiche, Rote Bete, Sellerie: Füllen Sie Wannen oder Kisten mit leicht feuchtem Sand. Legen Sie das Gemüse (ohne Laub) darauf, ohne dass es sich berührt. Darauf folgt eine Lage Sand und Gemüse, bis die Wanne voll ist. Diese Lagerung hat sich vor allem in lufttrockenen Kellern bewährt.

Kohlgemüse und Endivien: Beschädigte Blätter entfernen, jedoch Hüllblätter an den Köpfen belassen. Einzeln in Zeitungs- oder Packpapier einschlagen und in Kisten lagern.

Andere kühle Räume

Kürbisse nicht im kalten Keller, sondern bei ca. 10 bis 15 °C aufbewahren. Die Schale wird im Laufe der Zeit immer härter.

Zwiebeln, Schalotten und Knoblauch: Die Luftfeuchtigkeit sollte nicht übermäßig hoch und die Temperatur nicht zu niedrig sein, sonst treiben sie schneller aus.

Lager regelmäßig auf Schimmel oder Fäulnis kontrollieren. Befallene Früchte und Gemüse entfernen.

Wenn Zwiebeln nach der Ernte an einem warmen, sonnigen Ort nachreifen, lassen sie sich besser lagern.

Lagern, einmachen, einfrieren, dörren: So können Sie den Geschmack des Sommers länger genießen.

Jetzt genießen

Hausgemachtes Ketchup

Sonnengereifte Tomaten aus dem eigenem Garten haben einen einzigartigen Geschmack. Falls Sie mit einer so reichen Ernte beschert werden, dass Sie ihrer nicht Herr werden, möchten wir Ihnen hier unser Rezept für hausgemachtes Ketchup vorstellen. Es passt wunderbar zu gegrilltem Fleisch.

Für ein Marmeladenglas mittlerer Größe (multiplizieren Sie die Zutaten je nach Menge der Tomaten)

½ rote Zwiebel – 2 Knoblauchzehen – 500 g Tomaten – 1 Karotte – 1 rote Paprika – 1 Chilischote, mittelscharf – 1 Handvoll Basilikum – 1 daumengroßes Stück Ingwer – 1 TL Salz – 1 TL Piment, gemahlen – 5 EL Zucker – 2 EL Balsamico-Essig – 2 EL Reisweinessig – frisch gemahlener Pfeffer

Zubereitung

■ Die gehackte Zwiebel und die Knoblauchzehen in Öl andünsten, die grob gewürfelten Tomaten dazugeben. Karotten, Paprika und Chilischote würfeln und ebenfalls beigeben, gefolgt von Basilikum und geriebenem Ingwer. Mit Salz und Piment würzen und zugedeckt ungefähr 30 Minuten köcheln lassen.

■ Mit einem Stabmixer oder einer Küchenmaschine fein pürieren, danach durch ein Küchensieb passieren.

■ Das Püree wieder in einen Topf füllen. Zurück auf dem Herd gibt man Zucker und Essig bei und lässt das Ganze zu einer zäh fließenden Flüssigkeit reduzieren. Mit Pfeffer und eventuell Salz abschmecken, dann das heiße Ketchup in sterilisierte Schraubgläser oder Flaschen abfüllen. Es ist an einem dunklen, kalten Platz bis zu drei Monaten haltbar, in Twist-off-Gläsern entsprechend länger.

Oktober

Das Gartenjahr hält zum Schluss noch einen Paukenschlag für uns bereit: Der goldene Oktober ist der letzte große Ernte-Monat. Kürbisse werden endlich reif – und eignen sich als Dekoration genauso wie für viele schmackhafte Speisen.

Der richtige Erntezeitpunkt und der erste Kälteschutz

Viele Gemüse wachsen an milden Oktobertagen noch munter weiter und stecken gelegentliche, leichte Minusgrade problemlos weg. Dazu gehören Asia-Salate, Rucola und Mangold. Andere, wie Tomaten und Bohnen, mögen keine kühlen Tage, deshalb muss man hier die Balance zwischen langem Wachstum und Temperatur finden und den richtigen Erntezeitpunkt abpassen – oder Kälteschutz parat halten. Die Winter-Klassiker Feldsalat, Grünkohl, Rosenkohl und Winter-Lauch verkraften leichteren Frost gut und können noch auf den Beeten stehen bleiben. Grünkohl, Rosenkohl und Pastinaken schmecken nach Frost sogar am besten. Erst, wenn dauerhaft Frost unter −10 °C ange-kündigt wird, sollten diese Gemüse vollends geerntet oder geschützt werden.

Langsam wird der Garten nun auf den Winter vorberei-tet. Er muss nach den Aufräumarbeiten aber nicht kli-nisch rein sein: Denken Sie an Laub- und Reisighaufen als Verstecke für Igel – wichtige Verbündete bei der Schneckenbekämpfung. Die Samenstände von Stauden und Gräsern bieten Vögeln Nahrung und Insekten Unterschlupf und sehen im Raureif ganz besonders schön aus.

Wenn der Winter in Ihrer Gegend relativ mild ist, können Sie jetzt noch Knoblauch, Zwiebeln und Schalotten stecken. So kommen diese im folgenden Jahr zu einer früheren Ernte.

Die letzten Karotten frisch ernten und genießen.

Jetzt pflanzen

Obst

- Obstbäume
- Obststräucher
- Rhabarber

Wussten Sie schon?

Paprika- und Chili-Pflanzen sind mehrjährig. Wenn Sie die Möglichkeit haben, diese Pflanzen in einem hellen, kühlen Raum zu überwintern (um 10 bis 15 °C), haben Sie im folgenden Jahr größere, ertragreichere Pflanzen, die früher Früchte tragen. Eine Überwinterung bei höheren Temperaturen ist ebenfalls möglich, allerdings müssen Sie in diesem Fall dann damit rechnen, dass die Pflanzen eher von Schädlingen wie z. B. Spinnmilben und Blattläusen befallen werden.

DIE WAHL DER OBST-SORTE

Bevor Sie sich für eine bestimmte Obst-Sorte entscheiden, gibt es Verschiedenes zu bedenken:

- Möchten Sie Äpfel oder Birnen lagern oder lieber gleich verarbeiten?
- Werden Sie nur einen Baum oder mehrere einer Art pflanzen? Ist dann die Befruchtung gesichert?
- Befindet sich Ihr Garten in einer Gegend mit speziellem Klima? Gibt es dafür besonders empfehlenswerte Lokalsorten?

Wenden Sie sich mit diesen Fragen an Ihre Baumschule, die sie Ihnen gerne beantworten wird und Ihnen passende Obstgehölze empfehlen kann..

Pflücksalat und Petersilie werden ins Gewächshaus geholt, um die Erntezeit zu verlängern.

Jetzt pflegen

Allgemeine Check-Liste

- Ernten Sie Früchte und Gemüse, die eingelagert werden sollen, an trockenen, sonnigen Tagen.
- Kompostieren: Die verschiedenen Materialien stets gut mischen, damit der Kompost besser umgesetzt wird.

Gemüse und Kräuter

- Artischocken: Frostschutz durch viel Mulch oder ausgraben und in großem Topf im Gewächshaus oder kühlen, hellen Raum überwintern.
- Endivien: 1 Woche vor der Ernte zusammenbinden, damit die Blätter gebleicht werden. Das Laub muss vorher trocken sein.
- Schnittlauch- und Minzepflanzen teilen, eintopfen und Töpfe in einem Beet einsenken. Diese können im Winter am Fenster getrieben werden, nachdem sie mindestens 3 Wochen Frost ausgesetzt waren.

Obst

- Sollten Sie vom ersten Frost überrascht worden sein, warten Sie mit der Ernte, bis es wieder wärmer ist, ernten Sie kein gefrorenes Obst.
- Obstbäume: Leimringe auf 1 m Höhe an Stamm und Baumpfahl gegen Frostspanner anbringen. Ab Oktober kriechen die Weibchen über die Stämme in die Baumkronen. Leimringe verhindern dies. Entfernen Sie sie im Dezember/Januar, da Larven im Frühling auf dem Ring schlüpfen können.

Humusarme Böden werden verbessert, wenn man im Herbst organisches Material untergräbt.

WIR PFLANZEN EINEN OBSTBAUM

Die eigenen Früchte frisch vom Baum pflücken – was könnte schöner sein. Damit Ihr Baum gut anwächst und über viele Jahre hin Freude macht, ist es wichtig, bei der Pflanzung einige Dinge zu beachten.

Wo pflanzen?

Achten Sie bei der Pflanzung darauf, einen Platz auszuwählen, auf dem vorher nicht schon ein Baum der gleichen Art wuchs. Bedenken Sie auch die Endgröße des Baumes.

Eine Frucht, die fast in Vergessenheit geraten ist: die Quitte.

Diese hängt von der Unterlage, auf die Ihr Baum veredelt wurde und der Wuchsform ab. Während Busch-bäume ungefähr 2 bis 3 m hoch und breit werden, kann ein Hoch-stamm doch einen Durchmesser von ca. 8 bis 10 m und eine Höhe von 10 bis 15 m erreichen. Denken Sie dabei auch an die Beschattung, die der ausgewachsene Baum verur-sachen wird.

Tonböden sind eher ungünstig für Obstbäume, da sie keine Staunässe vertragen. Magere Sandböden müs-sen mit viel Humus aufgebessert werden, damit der Boden nähr-stoffreich wird und nicht zu schnell austrocknet.

Containerware oder wur-zelnackte Pflanzen?

Wurzelnackte Pflanzen sind preisgünstig, was sich natürlich be-merkbar macht, wenn Sie mehrere Bäume oder gar eine Obstwiese pflanzen wollen. Pflanzen Sie nur einen Baum, lohnt es sich, Contai-nerware zu wählen, da diese Bäume im Allgemeinen sicherer anwachsen. Außerdem sind Sie bei Container-ware mit der Pflanzzeit flexibel und können das ganze Jahr hindurch ei-nen neuen Baum planzen, während wurzelnackte Pflanzen nur im Herbst oder Frühling an frostfreien Tagen gepflanzt werden können.

Die Pflanzung Schritt für Schritt

■ Zu zweit pflanzt sich ein Baum am besten: Bitten Sie jemanden, Ihnen zu helfen.

■ Bäume ohne Ballen ca. 2 Stunden vor dem Pflanzen in einen Eimer Wasser stellen; Topfballen tauchen, bis sich der Ballen vollgesaugt hat.

■ Bereiten Sie die Pflanzgrube vor: Sie sollte ca. 50 cm tief sein, mit einer Seitenlänge von ca. 1 m. Lockern Sie den Untergrund des Pflanzloches ungefähr spatentief, damit der Baum wirklich Fuß fassen kann und die Drainage gesichert ist.

■ Mischen Sie den Aushub mit ca. 70 bis 100 l abgelagertem Kom-post oder guter Pflanzerde.

■ Halten Sie den Baum in das Pflanzloch. Füllen Sie einen Teil dieses Erd-Gemisches in die Pflanzgrube, und zwar so viel, dass die Veredelungsstelle des Baumes (der Knubbel einige Zentimeter über den Wurzeln) nach der Pflanzung ungefähr eine Handbreit über der Erdoberfläche liegt. Bei diesem Schritt ist ein zweites Paar Hände sehr hilfreich.

■ Platzieren Sie den Baum im Pflanzloch. Bei einem wurzelnack-ten Baum sollten vorher die Wur-zeln an den Schnittstellen frisch angeschnitten und beschädigte Wurzelstücke entfernt werden.

- Der Baumpfahl wird direkt neben dem Wurzelballen bzw. mit 10 cm Abstand zwischen den nackten Wurzeln eingeschlagen. Bei Hochstämmen schlägt man den Baumpfahl senkrecht ein, bei Halbstämmen und Büschen schräg, mit der Spitze nach Osten. Der Pfahl sollte so tief eingeschlagen werden, dass er fest steht und ungefähr 5 cm unterhalb der Krone endet (eventuellen Überstand absägen).
- Nun kann das Pflanzloch vollends mit dem Erd-Gemisch aufgefüllt werden, währenddessen ab und zu vorsichtig die Erde antreten. Das Erdniveau sollte nach der Pflanzung nicht höher als der Wurzelhals bzw. die Oberfläche des Containers sein.
- Bilden Sie den Gießrand um die Baumscheibe herum aus, er sollte etwa 10 cm hoch sein.
- Vor dem Anbinden wird der Baum mit 30 l Wasser eingeschlämmt. Dabei nicht antreten oder den Baum bewegen, das Wasser erledigt dies für Sie.
- Den Baum mit einem Kokosseil am Baumpfahl befestigen.
- Der Pflanzschnitt sollte im Frühjahr durchgeführt werden, damit eine Schädigung der jungen Triebe durch Frost vermieden wird.
- Falls Ihr Baum im ländlichen Raum gepflanzt wurde und dort Wildverbiss-Gefahr besteht, sollten Sie die Stämme mit einem Schutz versehen. Am besten eignen sich hier Drahthosen aus kleinmaschigem, verzinktem Draht.
- Und so sieht die Grund-Pflege in den nächsten 3 bis 4 Jahren aus, bis sich der Baum etabliert hat: Baumscheibe unkrautfrei halten, gegebenenfalls mulchen. Besonders im ersten Jahr bei Trockenheit gut wässern. Jährlich die Bindungen am Baumpfahl und den Wildverbiss-Schutz kontrollieren.

Die richtige Pflanzhöhe kann man einfach mit einem quer gelegten Rechenstiel ermitteln.

Durch gutes Einschlämmen nach dem Pflanzen schließen sich eventuelle Hohlräume zwischen den Wurzeln.

Jetzt ernten

Vor dem ersten Frost

Gemüse

- Blumenkohl
- Bohnen
- Chinakohl
- Chilis
- Erbsen
- Fenchel
- Kürbisse
- Salat
- Letzte Tomaten: grüne Tomaten im Haus nachreifen lassen – oder Grünes Tomaten-Chutney damit kochen.

Blaue Kohlrabi – ein schöner Farbklecks im Garten.

Kräuter

- Basilikum
- Bohnenkraut
- Kapuzinerkresse-Blüten für den Salat

Obst

- Himbeeren: Herbst-Sorten

Nach und nach (gelegentliche Bodenfröste werden vertragen)

Gemüse

- Asia-Salate, Rucola, Spinat
- Brokkoli, Kohlrabi
- Feldsalat*, Endivien, Radicchio
- Grünkohl*: Blätter von unten nach oben pflücken
- Karotten, Rote Bete, Schwarzwurzeln*
- Kohl, Herbst-Sorten und Wirsing
- Lauch*
- Mangold*
- Pastinaken* und Sellerie
- Radieschen und Rettiche
- Rosenkohl*

Kräuter

- Minze, Petersilie, Rosmarin, Salbei, Schnittlauch, Thymian

Obst

- Äpfel
- Birnen
- Haselnüsse
- Quitten
- Walnüsse: wenn sich die grünen Hüllen von den Kernen lösen

* können den Winter über im Beet verbleiben, brauchen aber ab −10 °C Schutz durch Vlies oder Folientunnel

Jetzt genießen

Karotten-Ingwer-Suppe

Ein einfaches und schnelles Rezept, das sich statt mit Karotten auch gut mit Kürbisfleisch kochen lässt. Diese Suppe kann man auch gut in einer Thermoskanne mit nach draußen nehmen und im Becher servieren.

Für 4 Personen

1 Zwiebel, fein gewürfelt – 2 Knoblauchzehen, gehackt – 1 daumengroßes Stück Ingwer, geschält, in dünnen Scheiben – 1 EL Olivenöl – 1 kg Karotten – 1 l Bio-Hühnerbrühe – Salz, frisch gemahlener Pfeffer – Holzofen-Baguette und gehobelter Parmesan zum Servieren

Zubereitung

■ Zwiebel und Knoblauch mit Ingwer in ein wenig Olivenöl bei mittlerer Hitze anschwitzen. Falls der Ingwer holzig ist, in dickere Scheiben schneiden und vor dem Pürieren aus der Suppe nehmen. Nach 2 Minuten die in dicke Scheiben geschnittenen Karotten dazugeben, gut mischen und weitere 2 Minuten anschwitzen. Die Hühnerbrühe dazu geben und ca. 25 Minuten leicht köcheln lassen, bis die Karotten weich sind. Vom Herd nehmen und mit einem Stabmixer zu einer geschmeidigen Suppe pürieren.

■ Falls nötig, mit Salz und Pfeffer nachwürzen. Mit Baguette und gehobeltem Parmesan servieren.

November

Jetzt wird es im Garten ruhiger, der Großteil der Früchte und Gemüse ist geerntet und verarbeitet. Zeit für eine Bestandsaufnahme und einige Aufräumarbeiten, die jetzt noch erledigt werden können. Danach ist alles für die neue Gartensaison vorbereitet, die schon bald wieder beginnt…

Jetzt umgraben?

Vielleicht stellt sich Ihnen nun die Frage: Grabe ich meine Gemüsebeete vor dem Winter um oder nicht? Hier gibt es unter Gärtnern zwei ausgeprägte Lager: die »haben-wir-schon-immer-so-gemacht«-Fraktion sowie Menschen, die befürchten, sämtliches Leben in ihrem Boden auszulöschen, sobald etwas Erde von oben nach unten gekehrt wird.

Pauschalurteile werden diesem Thema allerdings nicht gerecht: Bei Böden, die schwer und verdichtet sind, ist das Umgraben tatsächlich von Vorteil. Durch Frost werden Erdschollen in feine Krümel zersprengt, die Bodenstruktur wird lockerer — man spricht hier von Frostgare. Auch für Böden, die nur einen sehr geringen Humusgehalt aufweisen, ist es günstig, wenn organisches Material im Herbst eingegraben wird. Bei sehr sandigen Böden besteht allerdings die Gefahr, dass die Nährstoffe, die durch das organische Material im Boden entstehen, im Winter gleich wieder ausgewaschen werden. Deshalb ist es in solchen Fällen vorteilhafter, über den Winter Gründünger auf den Beeten stehen zu lassen oder die Beete zu mulchen. Den Mulch können Sie dann im Frühjahr mehrere Wochen vor dem Aussäen bzw. Pflanzen eingraben.

Bei Böden, die bereits wunderbar humos und locker sind, muss man sich die ganze Mühe nicht machen, hier reicht es, die Fläche vor dem Aussäen im Frühjahr mit der Grabegabel oder dem Sauzahn zu lockern und während der Garten-Saison zu mulchen.

Das Umgraben hat einen zweiten Nebeneffekt: Schneckeneier und Larven werden an die Oberfläche befördert und bieten ein Festmahl für Vögel, die oft schon in freudiger Erwartung in Ihrer Nähe herumhüpfen werden.

Winter-Gemüse: Schwarzwurzeln (rechts) und die hierzulande nicht so verbreiteten Haferwurzeln (links).

Jetzt pflegen

Allgemeine Check-Liste

- Wasserversorgung: abdrehen. Regentonnen ausleeren und umdrehen.
- Gartentagebuch: Ergänzen Sie es bzw. werten Sie Ihre bisherigen Einträge aus.
- Boden: Bodenprobe an ein Labor schicken.

Gemüse

- Gemüsebeete: Decken Sie Gemüse wie Spinat, Rucola und Asia-Salate bei Frost mit Vlies ab oder stülpen Sie einen mobilen Folientunnel darüber, um länger ernten zu können. An wärmeren Tagen lüften.
- Grün-Spargel: Wedel zurückschneiden, Beet mulchen.

Kräuter

- Lorbeer und Rosmarin vertragen nur leichte Fröste, überwintern Sie sie deshalb im Gewächshaus oder einem hellen kühlen Raum.
- Minze und Schnittlauch ins Haus holen, wenn sie mindestens 3 Wochen Frost ausgesetzt waren.

Obst

- Rhabarber: Beschädigte Blätter entfernen, um zu verhindern, dass Schnecken darunter überwintern.

Leichter Frost muss noch nicht das Ende der Erntezeit bedeuten: Mit Garten-Vlies können Sie viele Gemüse bis in den Winter ernten. Ein mobiler Folientunnel ist noch effektiver.

Jetzt ernten

Im Freiland

- Feldsalat
- Grünkohl
- Lauch
- Pastinaken: nach dem ersten Frost
- Rosenkohl
- Schwarzwurzeln
- Winterheckenzwiebel
- Wirsing
- Bergbohnenkraut
- Salbei
- Thymian

In milden Wintern oder unter Folie bzw. im Frühbeet

- Asia-Salate, Endivien
- Kohl: Winter-Sorten
- Kohlrabi
- Mangold
- Pak Choi
- Radicchio
- Winter-Radieschen und Winter-Rettiche
- Rucola
- Sellerie
- Spinat

Bei Palmkohl pflückt man die Blätter immer von unten beginnend ab.

Pastinaken schmecken am besten nach leichtem Frost, besonders Kinder lieben ihren süßlichen Geschmack.

GARTENGERÄTE PFLEGEN

Bevor Sie Spaten, Rechen und andere Werkzeuge über den langen Winter im Schuppen verschwinden lassen, sollten Sie unbedingt daran denken, diese ausführlich zu säubern. Geräte, die mit noch anhaftenden Erdklumpen einige Monate im Schuppen stehen, rosten sehr schnell. Bereits rostende Metallteile können Sie anschließend einfach mit Stahlwolle wieder blank polieren. Die gesäuberten Metallteile reiben oder sprühen Sie mit einer dünnen Schicht Multifunktions-Öl ein.

Sind die Holzgriffe und -stiele Ihrer Werkzeuge noch in Ordnung? Befestigen Sie lockere und ersetzen Sie zerbrochene Teile. Ganz perfekt wird die Pflege, wenn Sie alle Holzteile mit Leinöl oder anderem Holzpflege-Öl einreiben. Ölen Sie auch Gelenke und Federn von Scheren aller Art, Klingen können Sie jetzt schleifen bzw. schleifen lassen.

Vielleicht muss auch am Schuppen selbst etwas repariert werden – nun ist Zeit dafür.

Sämereien, Dünger und andere Pflanzenpflegemittel sind im Haus bzw. im Keller besser aufgehoben, damit sie nicht durch Schädlinge, Frost oder Feuchtigkeit geschädigt werden.

Jetzt noch schnell den Schuppen aufräumen, kaputte Töpfe, Aussaatkisten und dergleichen aussortieren – so fällt einem im nächsten Frühling nicht alles entgegen und man kann das neue Gartenjahr organisiert und mit frischem Schwung beginnen.

Achten Sie bei Gartengeräten auf gute Qualität. Sie sind vielleicht etwas teurer in der Anschaffung, werden Ihnen jedoch über viele Jahre, ja sogar Jahrzehnte, erhalten bleiben.

Jetzt genießen

Chips aus Wurzelgemüse

Viele Wurzelgemüse lassen sich zu Chips verarbeiten. Pastinaken haben zum Beispiel einen leicht süßlichen Geschmack, Rote Bete, aber auch Kartoffeln mit blauem Fleisch, bilden schöne farbige Akzente. Ebenso gut eignen sich Karotten, Süßkartoffeln und Sellerieknollen. Auch beim Würzen der Chips können Sie verschiedene Gewürze, wie Paprika-, Chili-Pulver oder kleingehackte Kräuter wie Thymian benutzen.

Zutaten
6 große Pastinaken, und/oder anderes Wurzelgemüse – 450 ml Sonnenblumenöl – Salz, Gewürze

Zubereitung
- Gemüse schälen, in hauchdünne Scheiben schneiden (mit einem scharfen Messer oder Gemüsehobel) und auf Küchenpapier legen, so wird Feuchtigkeit aufgesaugt und das Fett spritzt beim Frittieren weniger.
- Das Sonnenblumenöl in einem mittelgroßen Topf erhitzen. Geben Sie etwa 10 bis 12 Gemüsescheiben in das heiße Öl. Achtung, Spritzgefahr!
- Die Chips nach 20 bis 30 Sekunden, wenn sie hellbraun und knusprig sind, mit einem Schaumlöffel entfernen und auf ein trockenes Küchenpapier geben, um das überflüssige Fett aufzusaugen.
- Chips in einer großen Schüssel mit 1–2 Prisen Salz und weiteren Gewürzen mischen. Sofort genießen.

Diese Vogelfutterstationen wurden aus Tannenzapfen und Birkenstämmen angefertigt. Hängen Sie sie so auf, dass Katzen sie nicht erreichen können.

Jetzt kreativ werden

Vogelfutter-Stationen

Mit diesen selbst gemachten Vogelfutter-Stationen können wir den Vögeln in unserem Garten etwas Gutes tun. Dieses Projekt macht besonders Kindern Spaß und lädt nach getaner Arbeit zum Vogelbeobachten ein.
Die Futter-Fett-Mischung lässt sich auf verschiedene Arten verwenden: Sie können Tannenzapfen oder Birkenstämme mit Löchern damit füllen – oder die Mischung in große Ausstechformen geben.

Sie brauchen

500 g Kokos- oder anderes Pflanzenfett –
120 g Sonnenblumenkerne – 100 g grobe
Haferflocken – 100 g gehackte Nüsse (Haselnüsse,
Walnüsse, ungesalzene Erdnüsse) – 50 g Rosinen
– 50 g Kürbiskerne oder fertige Körnermischung,
die z. B. Hanfkörner, Hirse, Mohn, Distelsamen
enthält; ohne Ambrosia-Beimischung –
25 cm Birkenstamm – Bohrer – Ausstechformen,
Tannen- oder andere Zapfen – Schnur

1 In einem Kochtopf das Pflanzenfett langsam schmelzen. In der Zwischenzeit Körner, Haferflocken, Nüsse und Rosinen in eine große Schüssel geben und gut miteinander mischen.

2 Das geschmolzene Fett darüber gießen und mit einem Holzlöffel mischen. Für 2 bis 3 Stunden an einem kaltem Ort stehen lassen, von Zeit zu Zeit umrühren, die Mischung soll sich verbinden, aber formbar bleiben.

3 Bohren Sie entlang des ganzen Birkenstamms Löcher mit einem Durchmesser von 2 cm, in unterschiedlichen Abständen, jedoch mit mindestens 5 cm Entfernung zueinander. Befestigen Sie eine Schnur zum Aufhängen am Birkenstamm sowie an den Tannenzapfen.

4 Die Löcher im Birkenstamm, die auf einem Backblech ausgelegten Ausstechformen und die Hohlräume der Zapfen werden nun mit der Vogelfutter-Mischung ausgefüllt. Um das Vogelfutter vollends fest werden zu lassen, kommen die Futterstationen erst mal für ein paar Stunden in die Gefriertruhe.

5 Der Birkenstamm und die Zapfen können danach aufgehängt werden, am besten an einem Platz, den Vögel gut, aber Katzen nicht erreichen können! In die ausgestochenen Formen mit einem Metallspieß vorsichtig ein Loch stechen, eine Schnur durchziehen und ebenfalls aufhängen. Jetzt kann die Vogelbeobachtung beginnen!

Fett und Futtermischung sollten im Verhältnis von ungefähr 1:1 gemischt werden.

ERDBEER -
RHABARBER-
MARMELADE

ZWETSCHGEN-
MUS

HIMBE
MARM

Dezember

Im Garten ziehen nun frostige und neblige Tage ein – aber auch diese haben ihre ganz eigene Schönheit. Gehen Sie hinaus und genießen Sie die besondere Atmosphäre. Noch schöner wird der Ausflug, wenn Sie hinterher eine wärmende Suppe oder ein herzhaftes Gericht aus Ihren eigenen Vorräten genießen können.

Das Gartenjahr geht zu Ende

Falls starker Frost vorhergesagt wird, sollte das Wintergemüse nun geerntet und verarbeitet – oder zumindest noch für eine Weile mit mobilen Folientunnels geschützt werden. Meist ist der Dezember jedoch noch relativ mild, sodass Sie Ihre selbst gezogenen Schätze zum Weihnachtsessen präsentieren können. Gärtner in Gegenden mit milden Wintern, wie z.B. in der Rheinebene oder in Norddeutschland, sind meist in der glücklichen Lage, ihr Wintergemüse den ganzen Winter hindurch ernten zu können. Fällt allerdings schon viel Schnee, schütteln Sie Bäume und Sträucher ab, nasser Schnee lässt Äste leicht brechen.

Denken Sie bei Schneefall unbedingt auch an die Vögel in Ihrem Garten. Vielleicht haben Sie ihn mit beerentragenden Sträuchern eingefasst oder noch Samenstände von Blütenstauden stehen lassen. Samen von Herbstastern oder Kugeldisteln sind beispielsweise bei Finken und Meisen sehr beliebt. Die Vögel unseres Gartens helfen uns im Sommer, Insekten in Schach zu halten, deshalb sollten wir sie im Winter nicht vergessen und ihnen zusätzliches Futter anbieten. Solange kein Schnee liegt, oder Frost herrscht, finden die Vögel allerdings noch ein reichhaltiges Nahrungsangebot vor.

Jetzt können Sie übriges Saatgut dieser Saison durchgehen: Was ist im nächsten Jahr noch brauchbar? Hinweise zur Haltbarkeit von Samen finden Sie auf unserer Liste auf Seite 131. Eine praktische Art der Aufbewahrung von Sämereien stellen wir Ihnen auf Seite 130 vor.

Haben die Gurken des letzten Sommers geschmeckt? Oder wäre es an der Zeit, eine neue Sorte auszuprobieren?

Jetzt ernten

Im Freiland

- Feldsalat
- Grünkohl
- Lauch
- Pastinaken: nach dem ersten Frost
- Rosenkohl
- Schwarzwurzeln
- Winterheckenzwiebel
- Wirsing

In milden Wintern oder unter Folie bzw. im Frühbeet

- Asia-Salate, Endivien, Rucola
- Kohl: Winter-Sorten
- Mangold
- Pak Choi
- Radicchio
- Winter-Radieschen und Winter-Rettiche
- Spinat

VITAMINE UND BALLASTSTOFFE IM WINTER: SPROSSEN

Ideal, wenn Sie draußen nicht mehr viel Grünzeug pflücken können: frische Sprossen vom Fensterbrett.

Sie brauchen dafür:
- Keim-Sprossen-Saatgut von Anbietern, die ihre Ware auf EHEC testen.
- Einen Keimapparat, mit dem man mehrere Sorten gleichzeitig ziehen kann oder ein großes Einmachglas, durchlässiger Stoff (Gaze oder Mull) und Gummiband.
- Einen hellen Platz bei 18 bis 20 °C, jedoch ohne direkte Sonneneinstrahlung.

So wird's gemacht
- Für die Anzucht in einem Keimapparat braucht man 1 bis 3 Esslöffel Samen pro Etage, für ein Einmachglas 1 bis 2 Esslöffel.
- Lassen Sie größere Samen in reichlich Wasser aufquellen, je nach Art der Samen zwischen 6 und 12 Stunden. Kleine Samen von Kohlgewächsen, Alfalfa oder Sesam müssen nicht eingeweicht werden.
- Danach Samen im Keimapparat bzw. auf dem Boden des Einmachglases verteilen.
- Samen 2 bis 3 Mal täglich wässern: beim Keimapparat oben einfüllen und unten wieder abgießen.
- Bei der Einmachglas-Methode wird der durchlässige Stoff mit dem Gummiband am Glas befestigt, durch ihn kann man hindurch gießen bzw. das Wasser wieder abgießen, indem man das Glas kopfüber hält bzw. stellt.

Je nach Art der Pflanze sind die Keimlinge nach 3 bis 7 Tagen erntereif. Vor dem Essen noch einmal gut abspülen und abtropfen lassen.

Wichtig beim Anbau von Sprossen ist, dass alle Utensilien stets penibel sauber gehalten werden, damit sich keine Keime und Schimmelpilze bilden können.

Jetzt genießen

Sellerie-Salbei-Fülle für Geflügel

Sellerie und Salbei aus Ihrem Garten ergeben zusammen eine wunderbar aromatische Kombination. Beide eignen sich hervorragend, um eine Fülle für Geflügel zu würzen, mit der Sie die Weihnachts-Ente füllen können. Natürlich müssen Sie sich bei der Verwendung nicht nur auf besondere Anlässe beschränken. Die Fülle lässt sich leicht zubereiten und eignet sich für Ente oder Huhn und sogar als Beilage für alltägliche Fleischgerichte.

Zutaten

1 große Zwiebel – 2 Scheiben Vollkorn-Toastbrot – 1 große Sellerieknolle – 100 g Butter – 1 Handvoll frisch gehackter Salbei – 1 Handvoll vakuumverpackte, vorgegarte Kastanien, grob gehackt – Salz und Pfeffer

Zubereitung

- Die Zwiebel fein würfeln, das Brot und die Sellerieknolle in 1 cm große Würfel schneiden.
- Die Butter in einer großen Pfanne schmelzen, die Zwiebel darin bei mittlerer Hitze ein paar Minuten anschwitzen und dabei öfters umrühren. Die Selleriewürfel hinzufügen und 4 Minuten garen lassen, dann Brot, Salbei und Kastanien dazu geben.
- Von Zeit zu Zeit umrühren. Damit die Mischung gut feucht bleibt, gerne auch mit einem Deckel zudecken, aber nicht anbrennen lassen. Eventuell braucht es noch etwas Butter. Mit Salz und Pfeffer leicht würzen und weiter schmoren lassen, bis der Sellerie gar ist. Die Mischung ist nun saftig und duftet schon sehr einladend. Nochmals probieren und eventuell nachwürzen.
- Die Fülle vom Herd nehmen. Abkühlen lassen, bevor man sie in die ofenfertige Ente oder das Huhn füllt.

Jetzt kreativ werden

Samen praktisch aufbewahren

Der Dezember ist ein Monat zum Aussortieren, Durchstöbern und Basteln. Dabei finden sich oft noch Reste von Saatgut, vielleicht hat man auch Samen im eigenem Garten gesammelt. Unser Vorschlag für diesen Monat ist, genau betrachtet, weniger kreativ, dafür umso praktischer.

Besorgen Sie sich im Fotohandel für Ihre Sämereien eine Foto-Kiste, die mindestens 16 cm breit ist. Diese Schachteln werden normalerweise mit Register-Trenn-karten geliefert. Schreiben Sie alle Aussaat-Monate auf die Register, sodass man sie auf einen Blick sehen kann.

So können Sie die Samentüten dem Aussaat-Monat entsprechend einfach einsortieren. Haben Sie Samen von Pflanzen die mehrmals im Jahr ausgesät werden, z. B. Pflücksalat, dann stecken Sie die Samentüte einfach nach der Aussaat in das nächste Monats-Fach.

Dadurch geraten Ihre Sämereien nie mehr durcheinander und Sie übersehen keinen Aussaattermin, Ihre neue Samen-Kiste wird so ein nützlicher Begleiter während des ganzen Gartenjahres.

Und nun bringen wir doch noch etwas Kreativität ins Spiel:
Vielleicht brauchen Sie noch ein Weihnachtsgeschenk für einen Gartenfreund. Wie wäre es, wenn Sie eine solche Samen-Kiste schön dekorieren, vielleicht sogar mit Fotos oder Bildern, die einen persönlichen Bezug zum Beschenkten haben?! Danach können Sie die Kiste, mit einigen speziellen Sämereien bestückt, verschenken.

Nun ist Zeit für eine Inventur beim Saatgut. Egal ob es sich um Reste aus dem vergangenen Gartenjahr oder um selbst gesammelte Samen handelt: Bewahren Sie sie stets an einem trockenen, kühlen Ort auf.

WIE LANGE HALTEN SICH SÄMEREIEN?

Name der Pflanze	Haltbarkeit in Jahren	Name der Pflanze	Haltbarkeit in Jahren	Name der Pflanze	Haltbarkeit in Jahren
Artischocken	4	Grünkohl	4	Rettich	4
Asia-Salate	4	Gurken	5	Rosenkohl	4
Auberginen	5	Karotten	3	Rote Bete	4
Blumenkohl	3	Kohl und Kohlrabi	4	Rucola	3
Brokkoli	4	Kürbis	5	Salat, Kopf- und Pflücksalate	3
Busch- und Stangenbohnen	3	Lauch	2	Schwarzwurzeln	1
Chilis	5	Lauchzwiebeln	2	Sellerie	5
Chinakohl	3	Mangold	3	Spinat	4
Dicke Bohnen	3	Pak Choi	3	Tomaten	4
Endivien	4	Paprika	5	Wirsing	4
Erbsen	2	Pastinaken	1	Zucchini	5
Feldsalat	2	Radicchio	3	Zuckermais	2
Fenchel	2	Radieschen	5		

SIND DIE SAMEN VOM LETZTEN JAHR NOCH BRAUCHBAR?

Falls Sie auf einer Samentüte nicht vermerkt haben, wann die Samen gekauft oder gesammelt wurden, kann sich diese Frage leicht stellen. Sie lässt sich nach einer Keimprobe beantworten. Nehmen Sie dafür 10 bis 20 Samen und legen Sie diese zwischen zwei Lagen Küchen- oder Löschpapier. Halten Sie dieses ständig feucht und lassen Sie die Samen keimen. Beachten Sie dabei die empfohlene Keimtemperatur – Paprika mag es z. B. gerne warm, Erbsen lieber kühl (weitere Hinweise dazu finden Sie auch in der Aussaat-Tabelle auf der Seite 16).

Sind die Samen gekeimt, gilt es zu zählen, wie viele davon aufgegangen sind. Bei mehr als 50 % sind die Samen noch in Ordnung. Sind es allerdings weniger als die Hälfte, sollte dieses Saatgut dichter ausgesät werden – oder es empfiehlt sich, für den maximalen Erfolg neue Sämereien zu kaufen.

Mit dieser praktischen Saatgut-Kiste haben Sie stets im Blick, was zu welchem Zeitpunkt ausgesät werden muss.

AUSSAATKALENDER

Pflanzabstand: erste Zahl = Abstand zwischen den Reihen, zweite Zahl = Abstand zwischen den Pflanzen – in Zentimetern

	Januar	Februar	März	April	Mai	Juni
Artischocken						
Auberginen, Gewächshaus						
Asia-Salate						
Blumenkohl						
Bohnen, Dicke						
Bohnen, Buschbohnen						
Bohnen, Stangenbohnen						
Brokkoli						
Chilis						
Chinakohl						
Endivien und Friseesalat						
Erbsen, Markerbsen						
Erbsen, Schal- und Zuckererbsen						
Feldsalat						
Fenchel, Knollen						
Grünkohl						
Gurken, Gewächshaus						
Gurken, Freiland						
Karotten						
Kartoffeln, frühe						
Kartoffeln, Lagersorten						
Knoblauch						
Kohl, Sommersorten						
Kohl, Herbst-Sorten, inkl. Wirsing						
Kohlrabi						
Kürbis						

Vorkultur unter Glas   Aussaat im Freiland   Pflanzung im Freiland   Ernte

Juli	August	September	Oktober	November	Dezember	Pflanzabstand
						100 x 100
						60 x 50
						15 x 10
						60 x 60
						60 x 25
						40 x 15
						60 x 60
						60 x 40
						40 x 40
						30 x 40
						30 x 40
						40 x 10
						40 x 10
						15 x 10
						40 x 30
						40 x 50
						120 x 40
						120 x 40
						30 x 5
						60 x 30
						70 x 40
						20 x 15
						45 x 45
						60 x 60
						30 x 25
						100 x 100

	Januar	Februar	März	April	Mai	Juni
Lauch		Vorkultur →	Vorkultur	Vorkultur	Pflanzung →	Pflanzung
Lauchzwiebeln			Vorkultur →	Vorkultur	Ernte →	Ernte
Mairüben			Aussaat →	Aussaat	Ernte →	
Mangold			Vorkultur →	Aussaat	Ernte →	Ernte
Neuseeländer Spinat				Vorkultur	Pflanzung / Aussaat	
Pak Choi						
Paprika		Vorkultur →	Vorkultur		Pflanzung	
Pastinaken			Aussaat			
Radicchio						Aussaat
Radieschen		Vorkultur →	Vorkultur → Ernte	Ernte →	Aussaat / Ernte	Aussaat / Ernte
Rettich			Vorkultur	Aussaat →	Ernte	Ernte
Rosenkohl			Vorkultur → Aussaat	Pflanzung →	Pflanzung	Pflanzung
Rote Bete				Aussaat →	Aussaat	Aussaat
Rucola			Vorkultur / Aussaat →	Aussaat	Aussaat	Aussaat
Salat, Kopfsalat		Vorkultur →	Vorkultur → Pflanzung	Pflanzung / Aussaat	Ernte →	Ernte
Salat, Pflücksalat		Vorkultur →	Vorkultur → Pflanzung	Pflanzung / Aussaat	Ernte →	Ernte
Schwarzwurzeln			Aussaat	Aussaat		
Sellerie, Knollen-			Vorkultur		Pflanzung	
Sellerie, Stangen-			Vorkultur		Pflanzung	
Spargel, Grün-				Pflanzung →	Ernte →	Ernte
Spinat		Vorkultur → Aussaat	Aussaat →	Aussaat	Aussaat	Aussaat
Tomaten, Gewächshaus		Vorkultur →	Vorkultur	Pflanzung →	Pflanzung	
Tomaten, Freiland			Vorkultur →	Vorkultur	Pflanzung	
Zucchini				Vorkultur	Pflanzung	
Zuckermais				Vorkultur	Aussaat →	
Zwiebeln, Steckzwiebeln				Pflanzung →	Pflanzung	

Vorkultur unter Glas   Aussaat im Freiland   Pflanzung im Freiland   Ernte

Juli	August	September	Oktober	November	Dezember	Pflanzabstand
						30 x 15
						25 x 5
						25 x 10
						40 x 40
						80 x 40
						30 x 25
						40 x 50
						30 x 15
						30 x 30
						25 x 10
						30 x 15
						60 x 60
						30 x 15
						15 x 10
						30 x 30
						25 x 10
						30 x 5
						40 x 30
						40 x 30
						40 x 50
						25 x 15
						60 x 60
						60 x 60
						100 x 100
						45 x 45
						30 x 10

KULTURZEITEN VON DER AUSSAAT BIS ZUR ERSTEN ERNTE

Gemüse	Wochen	Gemüse	Wochen	Gemüse	Wochen
Asia-Salate	3–6	Kürbisse	10–16	Knoblauch	18
Radieschen, Sommer	4–6	Karotten	10–16	Paprika und Chilis	18
Rucola	4–8	Rote Bete	11	Kohl, Rot- und Weiß-	20–35
Mairüben	6–8	Mangold	12	Kartoffeln, Lager-Sorten	22
Pflücksalate	6–8	Kopfsalat	12	Blumenkohl	6 Monate
Lauchzwiebeln	8–10	Stangenbohnen	12–14	Auberginen	6–7 Monate
Neuseeländer Spinat	8–10	Gurken	12–14	Artischocken, Aussaat	6–7 Monate
Feldsalat	8–12	Erbsen	12–16	Sellerie, Knollen-	7–8 Monate
Kohlrabi	8–12	Dicke Bohnen	14	Rosenkohl	7–10 Monate
Spinat	8–14	Zuckermais	14	Lauch	7–11 Monate
Buschbohnen	10	Endivien	14–16	Pastinaken	8 Monate
Pak Choi	10	Fenchel	14–16	Schwarzwurzeln	8 Monate
Chinakohl	10	Brokkoli	15	Grünkohl	8 Monate
Kartoffeln, frühe Sorten	10	Tomaten	16	Grün-Spargel	2 Jahre
Zucchini	10–14	Steckzwiebeln und Schalotten	18		

Wie viele Pflanzen braucht man?

Für Verzehr und Verarbeitung von frischem Gemüse, ohne Konservierung oder Lagerung.

Gemüse	Ungefähre Ernte pro Pflanze	Für eine vierköpfige Familie
Gurken	ca. 10 Stück	4–6 Pflanzen
Grünkohl	ca. 750 g	2–4 Pflanzen
Kürbis	2–5 Stück	1–2 Pflanzen
Paprika	6–10 Stück	4–6 Pflanzen
Rosenkohl	1 kg	2–4 Pflanzen
Spargel	15–20 Stangen	8–12 Pflanzen
Stangenbohnen	1 kg	4–6 Pflanzen
Tomaten	1,5–2 kg	10–14 Pflanzen
Zucchini	10–15 Stück	1–2 Pflanzen
Zuckermais	1–2 Kolben	10–12 Pflanzen

	Ertrag pro Reihe von 3 m	
Buschbohnen	3 kg	2–3 Reihen
Erbsen	3 kg	2–4 Reihen
Karotten	3,5 kg	3–4 Reihen
Kartoffeln, früh	5,5 kg	2–4 Reihen
Kartoffeln, Lager-Sorten	10 kg	2–3 Reihen
Lauch	4 kg	2–4 Reihen
Mangold	3 kg	1 Reihe
Rote Bete	4–5 kg	2–3 Reihen
Spinat	2 kg	2–6 Reihen
Zwiebeln	3 kg	2–4 Reihen

EINFACH ODER ANSPRUCHSVOLL?

Mit der Einschätzung »anspruchsvoll« möchten wir niemanden vom Ziehen der jeweiligen Pflanzen abschrecken – sehen Sie es einfach als Ihre persönliche Herausforderung an …

	Gemüse	Worauf Sie achten müssen
Einfach	Asia-Salate – Buschbohnen – Knoblauch – Kohlrabi – Kürbisse – Lauch – Mangold – Pak Choi – Pastinaken – Pflücksalat – Radieschen – Rote Bete – Rucola – Steckzwiebeln – Zucchini	
Ein bisschen anspruchsvoller	Artischocken	Müssen schon im Januar/Februar ausgesät werden, davon abgesehen einfach
	Auberginen	Brauchen einen sehr warmen Platz oder ein Gewächshaus
	Gurken	Brauchen ein Gerüst zum Klettern
	Karotten	Schutz vor Möhrenfliege ratsam
	Kartoffeln	Mit viel Graberei verbunden
	Kopfsalat	Kann schießen
	Paprika und Chilis	Brauchen einen warmen Platz zum Gedeihen
	Sellerie, Knollen-	Mag Kali-betonte Düngung
	Spinat	Kann schießen
	Stangenbohnen	Brauchen Stützen
	Tomaten	Stützen und regelmäßiges Ausgeizen sind wichtig
	Zuckermais	Gedeiht nur in warmen Gegenden richtig gut
Etwas kompliziert	Blumenkohl, Brokkoli	Anfällig für Kohlkrankheiten, anspruchsvoll bzgl. Nährstoffen, schießt schnell
	Erbsen	Brauchen Stützen/Gerüst zum Klettern und Schutz vor Vögeln
	Grün-Spargel	Braucht eine sehr gute Bodenvorbereitung und Geduld bis zur ersten Ernte
	Knollen-Fenchel	Wenn Aussaat-Zeitpunkt und Wasser-Versorgung nicht passen, bilden sich keine Knollen
	Rosenkohl	Anfällig für Kohlkrankheiten, braucht Stützen, kann schießen
	Kopfkohl, Wirsing	Anfällig für Kohlkrankheiten

	Obst	Worauf Sie achten müssen
Einfach	Haselnüsse – Himbeeren – Johannisbeeren – Pflaumen, Zwetschgen – Rhabarber – Stachelbeeren	
Ein bisschen anspruchsvoller	Birnen	Spätfrostgefährdet
	Blaubeeren	Brauchen sauren Boden und speziellen Dünger
	Brombeeren	Können stark wuchern
	Erdbeeren	Mit Stroh mulchen, Schnecken bekämpfen
	Süßkirschen	Schutz vor Vögeln kann nötig sein
Etwas kompliziert	Äpfel	Brauchen regelmäßigen Schnitt und Ausdünnen der Früchte
	Sauerkirschen	Schutz vor Vögeln und Schnitt nach der Ernte

	Kräuter	Worauf Sie achten müssen
Einfach	Bohnenkraut – Lavendel – Majoran – Salbei – Schnittlauch – Thymian – Winterheckenzwiebeln	
Ein bisschen komplizierter	Basilikum	Braucht viel Wärme
	Dill, Petersilie	Keimung manchmal schwierig
	Koriander	Schießt sehr schnell, Folgesaaten nötig
	Lorbeer	Muss frostfrei überwintern
	Minze, Zitronenmelisse	Wuchert
	Rosmarin	Muss frostfrei überwintern

MISCHKULTURTABELLE

Pflanze	Gute Nachbarn	Schlechte Nachbarn
Asia-Salate	Zwischen Kopf- oder Pflücksalaten, diese lenken Erdflöhe vom Asia-Salat ab.	
Buschbohnen	Bohnenkraut; Kapuzinerkresse, die Blattläuse noch stärker anzieht als die Bohnen – und somit von den Bohnen abhält.	
Gurken	Dill fördert die Pflanzengesundheit, Borretsch, Ringelblumen und Tagetes locken bestäubende Insekten an; Basilikum als Nachbar soll Mehltau reduzieren.	
Karotten	Zwiebeln, Schalotten und Knoblauch sollen mit ihrem Geruch die Möhrenfliege fern halten.	
Kartoffeln		Tomaten bitte weit entfernt pflanzen – beide sind verwandt und teilen die gleichen Krankheiten.
Knoblauch	Petersilie, um die Zwiebelfliege fernzuhalten, Karotten (siehe dort)	Nicht mit Lauch oder Zwiebeln, können sich gegenseitig mit Rost anstecken.
Kohl (inklusive Blumenkohl, Brokkoli, Grünkohl, Kohlrabi, Rosenkohl, Rotkohl, Weißkohl, Wirsing)	Sellerie, Tomaten, Lauch, Basilikum, Koriander, Dill, Ringelblumen und Tagetes – all diese Pflanzen mit typischem Eigengeruch sollen die Kohlfliege und den Kohlweißling verwirren, Salate lenken Erdflöhe von Kohlgewächsen ab	Kartoffeln, Zwiebeln – behindern sich im Wuchs
Kürbisse	Ringelblumen, Tagetes – generell Blüten, die viele Insekten zum Bestäuben anlocken; Zuckermais	
Lauch	Mit Kohlgewächsen: Lauch soll mit seinem Eigengeruch Kohschädlinge verwirren.	Nicht mit anderen Pflanzen aus der Zwiebelfamilie, da sie sich gegenseitig mit Rost anstecken können.
Mangold	Glücklich mit fast allen Nachbarn, außer:	Rote Bete und Spinat aus derselben Pflanzenfamilie.
Pak Choi	Zwischen Kopf- oder Pflücksalaten, diese lenken den Erdflöhe vom Pak Choi ab.	
Pastinaken	Salat oder Spinat zwischen den Reihen – Pastinaken entwickeln sich anfangs nur sehr langsam.	
Rote Bete	Bohnenkraut soll den Geschmack verbessern, Dill fördert die Gesundheit.	
Salat: Kopf- und Pflücksalat	Kerbel soll Schnecken, Mehltau und Läuse von Salat fernhalten; Salate lenken Erdflöhe von Kohlgewächsen ab.	Nicht mit Petersilie und Sellerie: Die Köpfe formen sich weniger gut; nicht mit Gurken, teilen gleiche Krankheiten.
Sellerie, Knollen	Herbst-Kohl: Der Geruch von Sellerie hält den Kohlweißling vom Beet fern.	
Spinat	Generell zwischen Gemüse, das höher ist; leichter Schatten lässt den Spinat nicht so schnell schießen; mit Kohl-Sämlingen, Spinat lenkt Erdflöhe ab.	Gurken – beide teilen die gleichen Krankheiten.
Tomaten	Mit Tagetes, die schädliche Nematoden abwehren; Basilikum (eher aus praktischen Gründen beim Ernten); Petersilie wächst gut im leichten Schatten hinter Tomaten.	Mais, Dill; weit entfernt von Kartoffeln pflanzen, da beide gleiche Krankheiten teilen.
Zucchini	Borretsch, Ringelblumen und Tagetes locken bestäubende Insekten an.	
Zuckermais	Kürbisse	
Zwiebeln	Karotten: der Zwiebelgeruch lenkt die Möhrenfliege ab; Petersilie um die Zwiebelfliege fernzuhalten.	Nicht mit Lauch oder Knoblauch, können sich gegenseitig mit Rost anstecken.

Adressen, die Ihnen weiterhelfen

Gärtnereien

Deaflora
Aromapflanzen und Kräuter
Dr.-Wolff-Str. 6
14542 Werder/Havel
www.deaflora.de
(besondere Sorten von Gemüse, Obst und
Kräutern – Sämereien und Pflanzen)

Kräuter-Gärtnerei Helenion
Kleine Str. 2a
17291 Grünow
www.helenion.de
(Samen von Kräutern und einheimischem
Wildgemüse)

Rühlemann's
Kräuter und Duftpflanzen
Auf dem Berg 2
27367 Horstedt
www.ruehlemanns.de
(große Auswahl heimischer und internationaler Kräuter-Spezialitäten)

Karsten Ellenberg
Bioland-Hof
Ebstorfer Str. 1
29576 Barum
www.kartoffelvielfalt.de
(besondere und alte Kartoffelsorten)

Dreschflegel
Postfach 1213
37202 Witzenhausen
www.dreschflegel-saatgut.de
(Bio-Saatgut, alte Kulturpflanzen)

Jansen Samen
Postfach 300115
46399 Bocholt
www.kuerbis.net
(große Auswahl an Kürbis-Saatgut)

Italienische Samen
Kuenstraße 41
50733 Köln
www.italienische-samen.de
(auch Saatgut von Gemüse, das hierzulande
noch nicht so bekannt ist)

Ferme de Sainte Marthe
Eulengasse 3
55288 Armsheim
www.bio-saatgut.de
(alte Sorten, Tomaten, Zucchini u. a.)

Syringa
Duft- und Würzkräuter
Bachstr. 7
78247 Hilzingen-Binningen
www.syringa-samen.de
(Kräuter und Duftpflanzen)

Staudengärtnerei Gaißmayer
Jungviehweide 3
89257 Illertissen
www.staudengaissmayer.de
(spezialisiert auf Kräuter und Stauden)

Österreich

Gartenbau H. + H. Wagner
Gutendorf 36
A-8353 Kapfenstein
www.gartenbauwagner.at
(Kräuter- und Duftpflanzen)

Schweiz

Gärtnerei Silberdistel
Ch. und U. Fotsch-Eicher
CH-3855 Brienz
(Kräuter und Heilpflanzen)

Wyss Samen und Pflanzen AG
Schachenweg 14 C
CH-4528 Zuchwil-Solothurn
www.samen.ch

Samen Mauser
Industriestr. 24
Postfach
CH-8404 Winterthur
www.samen-mauser.ch

Biologische Dünger- und Pflanzenschutz-Produkte

W. Neudorff GmbH KG
Postfach 1209
31857 Emmertal
www.neudorff.de
(Dünger, Algenprodukte, Pflanzenpflege,
Pflanzenschutz)

Niem-Handel
Waldstr. 3
64579 Gernsheim
www.niem-handel.de
(große Auswahl von Niembaum-Produkten)

Österreich

Bio-Furtner
Hauptstr. 5
A-3031 Rekawinkel
www.bio-furtner.com
(Pflanzenschutz- und -pflegeprogramm)

Schweiz

Andermatt Biocontrol
Stahlermatten 6
CH-6146 Großdietweil
www.biocontrol.ch
(Pflanzenschutz- und -pflegeprogramm)

Historische Nutzpflanzen

VERN e.V. – Verein zur Erhaltung und
Rekultivierung von Nutzpflanzen
Burgstr. 20
16278 Greiffenberg/Uckermark
www.vern.de
(Samen von alten Nutzpflanzen-Sorten)

Verein zur Erhaltung der Nutzpflanzenvielfalt
e.V. (VEN)
Uhlandstr. 57
45468 Mühlheim an der Ruhr
www.nutzpflanzenvielfalt.de

Nützliche Adressen im Internet

Bayerische Landesanstalt für Weinbau und
Gartenbau:
www.lwg.bayern.de/gartenakademie/
(Beratung, Information und
Gemüsegarten-Blog)

Übersicht über Mostereien des Naturschutz-
bund Deutschland e.V.:
www.nabu.de/themen/streuobst/
service/05812.html
(für die Saftproduktion aus eigenem Obst)

Weiterführende Literatur

Funke, Werner: Der Obstgehölz-Schnitt.
BLV-Buchverlag, München 2006

Kreuter, Marie-Luise: Der Biogarten.
BLV-Buchverlag, München 2009

Kreuter, Marie-Luise: Pflanzenschutz im
Biogarten. BLV-Buchverlag, München 2001

Liebreich, Karen/Wagner, Jutta/Wendland,
Annette: The Family Kitchen Garden.
Frances Lincoln, London 2009

Stangl, Martin: Obst aus unserem Garten.
BLV-Buchverlag, München 2009

Stichwortverzeichnis

Begriffe mit * verweisen auf
Abbildungen.

Anhäufeln 66
anspruchsvoll 137
Apfelwickler 96, 106
Äpfel 28 ff., 79, 96, 103, 108, 112
Aprikosen 28
Artischocken 47, 113
Asia-Salat 35, 35*, 49, 103
Asiatische Sommerrolle 99
Auberginen 67, 105
Ausläufer 47, 77, 96*
Auslichtungsschnitt 29
Aussaat 60*
Aussaatkalender 132
Aussaattabelle 16

Baby-Spinat 49
Basilikum 35, 73*, 90
Beerensträucher 28
Bergbohnenkraut 52, 81
Bienen 81
Bienenfreund 81, 86
Birnen 28 ff., 30*, 79, 103, 108,
112
Blattsalate 49
Blaubeeren 28
Blumen-Arrangements 92
Blumenkohl 78, 78*, 88
Blütenstecher 53
Bodenverbesserung 27
Bohnen 86 f., 95
Borretsch 81
Brennesseln 76
Brennessel-Jauche 62

Brokkoli 35
Brombeeren 28, 28*, 77
Buschbäume 114
Buschbohnen 49, 105

Chilis 49, 66, 112
Chinakohl 85
Chips aus Wurzelgemüse 123
Comfrey-Jauche 62

Dicke Bohnen 55, 86, 88, 105
Dill 90, 90*
Düngen 76
Dünger 63

Einfach 137
Eislollis 91
Endivien 108, 113
Erbsen 17*, 48*, 68, 86 ff., 105
Erbsenranken 24
Erdbeeren 9*, 25, 49, 76 f., 77*,
96*, 97
Erdbeeren, Vermehrung 77
Erdflöhe 78
Erziehungsschnitt 29
Essbare Blüten 90

Feldsalat 85, 103
Fenchel 76, 85, 87, 90
Feuerbrand 79
Folientunnels 26, 26*, 33
Frostrisse 17
Frostspanner 113
Fruchtgemüse 15

Fruchtgummiblätter 83, 83*
Fruchtwechsel 14 f., 78
Frühbeet 17*, 26
Frühbeetkasten 33
F_1-Hybriden 18, 105

Gamander 81
Gartengeräte 122, 122*
Gartenplan 13, 13*
Gartenplanung 12
Gartentagebuch 18, 73
Garten-Vlies 26, 78
Gärtner-Vlies 33, 120*
Gemüse, Erträge 136
Gemüsefliegen 27, 52
Gemüse in Töpfen 49
Gewächshaus 11, 16, 26, 67,
103
Gießen 64
Granitas 91
Gründünger 119
Gründüngung 27, 86
grüner Spargel 55
Grünkohl 35, 73 f., 74*
Gurken 45, 49, 61*, 63, 67, 95,
105 f., 127*

Haferwurzeln 119*
Heidelbeeren 28, 49
Himbeeren 28, 36 f.*, 77
Hochstamm 114
Hornmehl 63

Insektenhotel 40, 41*

Johannisbeeren 49, 79*

Kalk 27
Kapuzinerkresse 60*, 78, 90
Karotten 12, 49, 52, 52*, 108, 111
Karotten-Ingwer-Suppe 117
Kartoffeln 25, 25*, 45, 49, 51*, 66, 80, 87, 95, 108
Katzenminze 81
Keimprobe 131
Keim-Sprossen 128
Kerbel 23*
Kernobst 28 f.
Ketchup, hausgemachtes 109
Kinder: Mit Kindern gärtnern 50
Kirschen 28
Knoblauch 108, 111
Kohl 67*, 78, 108
Kohleule 78
Kohlfliege 78
Kohlhernie 78
Kohlkrägen 78
Kohlmotte 78
Kohlrabi 45, 49, 78, 116*
Kohlweißling 78
Kompost 27, 27*, 38, 63, 76, 113
Kompostbehälter 38
Kopfsalate 49
Koriander 35, 90
Kräuter-Essig 100, 101*
Kräuter-Öl 100, 101*
Krautfäule 53
Kräuter trocknen 70, 71*
Kulturschutz-Netze 78
Kulturzeiten 136

Kürbis 61*, 63, 90, 97*, 105, 108

Lagerung, Obst und Gemüse 108
Lauch 52, 87
Lauchzwiebeln 80*
Lavendel 40, 47, 52, 78, 81, 90
Leguminosen 15, 86
Leimringe 113
Lorbeer 120

Mairüben 59*
Mangold 35, 49
Mehltau 53, 79
Melonen 46, 105
Micro-Greens 35, 49
Minze 47, 113, 120
Mischkultur 14, 78, 81
Mischkulturtabelle 138
Mist 26 f., 38, 63
Mistbeet 26
Monilia 79
Mulchen 76, 78, 119

Neuseeländer Spinat 75
Nigella 81*

Obstbaum, Pflanzung 114, 115*
Obstbaum, Pflege 115
Obstbäume 49
Obstgehölze, Schnitt 28 ff., 79

Pak Choi 49, 85, 86*, 90
Palmkohl 74, 121*
Paprika 49, 63, 66, 105, 112
Pastinaken 52*, 121*
Petersilie 112
Pfirsiche 28, 85*
pH-Wert 27, 78
Pflanzen anhäufeln 87
Pflanzenetiketten 56, 57*
Pflanzen-Jauche 76
Pflaumen 79

Quitte 114*

Radicchio 85, 87*
Radieschen 35, 45*, 49, 52, 59*, 78, 89*, 90
Regenwasser 64
Regenwürmer 27, 38, 53, 53*
Rettich 52, 78, 108
Rhabarber 25, 73
Rhabarberkuchen 39
Rindenhumus 27
Ringelblumen 81, 86, 90, 105*
Risotto mit frischen Erbsen 69
Rosenkohl 73, 88*
Rosmarin 47, 90, 120
Rote Bete 18*, 35, 49, 108
Rote Johannisbeeren 28
Rotkohlsalat mit Erbsenranken 31
Rucola 35, 49, 78, 90, 96*

Saatgut-Kiste 131*
Salbei 40, 47, 70*, 78, 81, 90

Salate 35, 45, 55, 68*, 78, 105, 112*,
Samen 16, 18, 61*, 105, 130*, 131
Samen, aufbewahren 130
Samen, Haltbarkeit 131
Samen sammeln 105
Sauerkirschen 79
Schalotten 108, 111
Schnecken 51
Schnittblumenbeet 20
Schnittlauch 47, 81, 113, 120
Schwarze Johannisbeeren 29, 97*
Schwarzwurzeln 119*
Selbstversorger 7
Sellerie 108
Sellerie-Salbei-Fülle 129
Senfblüten 90
Sommerfrische Beeren-Ecken 82
Sommerschnitt 79
Sorten, Auswahl 18
Spalier 30
Spalierobst 30, 79
Spargel 37, 54, 54*, 73
Spinat 11*, 33*, 35, 49, 75, 78

Spritzmittel 53
Stachelbeeren 29, 79, 98*
Stangenbohnen 49, 63*, 105
Starkzehrer 15, 62
Stecklinge 47, 47*
Steinmehl 27, 76
Steinobst 28, 79
Süßkirschen 79

Tagetes 81, 86, 90, 95*
Tagliatelle mit Butternusskürbis 19
Teilung 47
Thymian 47, 81, 90
Tomaten 35, 35*, 49, 66*, 67, 87, 88, 103*, 105 f.
Tomatendünger 20, 63

Umgraben 119

Vegetative Vermehrung 47
Verjüngungsschnitt 29
Vogelfutter-Stationen 124*, 125

Walnussbäume 79
Wässern 64
Weiden-Wigwam 42, 43*
Weiße Johannisbeeren 28
Weißkohl 51*, 78
Winterportulak 104, 104*
Wirsing 78
Wurzelgemüse 15

Ysop 81

Zitronenmelisse 40
Zucchini 49, 63, 75*, 87*, 90, 95, 105 f.
Zwetschgen 28
Zwiebeln 52, 88, 108, 108*, 111

Über die Autorinnen

© Annette Wendland

© Fotostudio Reidinger, Dießen

© Caroline Ames

Jutta Wagner ist gelernte Gärtnerin und studierte anschließend Landespflege an der TFH Berlin. Danach arbeitete sie in verschiedenen Planungsbüros und als freie Gartenplanerin von Hausgärten. Von 2004 bis 2009 lebte sie in London und kümmerte sich in dieser Zeit in leitender Funktion um die Gestaltung und die Anbauplanung des Chiswick House Kitchen Garden. Seit 2009 ist sie als freie Gartenplanerin in München tätig. Eines ihrer Hauptprojekte ist die Pflanzplanung für die Landesgartenschau 2013 in Prenzlau (Brandenburg).

Annette Wendland arbeitete 13 Jahre im Hotelfach und machte auf internationaler Ebene Karriere. Danach wechselte sie das Metier und studierte am renommierten London College of Printing Fotografie. Seit 2003 ist sie freiberuflich als Fotografin tätig und hat sich auf Food-, Pflanzen-, Architektur- und Stil-Life-Fotografie spezialisiert. Die Liebe zum Gärtnern erbte sie von ihrer Großmutter, die einen großen Selbstversorgergarten hatte. Deshalb leitete sie im Chiswick House Kitchen Garden mit Begeisterung die Arbeit mit einer Teenager-Gruppe und war bekannt dafür, die Erträge des Gartens lecker zu verarbeiten.

Dr. Karen Liebreich hat in Cambridge Geschichte studiert, als Redakteurin für die BBC gearbeitet und ist Autorin mehrerer Bücher. Nach einer Zusatz-Ausbildung als Gärtnerin entdeckte sie den verlassenen Chiswick House Kitchen Garden, der unter ihrer Leitung und mit Hilfe von vielen Schulkindern als Community Garden wieder auferstand. Sie lebt in Chiswick (West-London) und ist nun Leiterin von Abundance London, einem Verein, der das Pflücken und Verwerten von Obst organisiert, das von Gartenbesitzern nicht verwendet werden kann. Auch dabei helfen wieder Schulkinder aus dem Bezirk mit.

Impressum

Bibliografische Information der Deutschen Nationalbibliothek

Die Deutsche Nationalbibliothek verzeichnet diese Publikation in der Deutschen Nationalbibliografie; detaillierte bibliografische Daten sind im Internet über http://dnb.d-nb.de abrufbar.

BLV Buchverlag
GmbH & Co. KG

80797 München

© 2012 BLV Buchverlag GmbH & Co. KG, München

Bildnachweis

Alle Bilder von Annette Wendland, außer: S. 37: Martin Stangl
Grafiken: Alle Grafiken von Jutta Wagner.

Umschlagkonzeption: Kochan & Partner, München
Umschlagfotos:
Vorderseite: jump fotoagentur/Kristiane Vey
Rückseite: Annette Wendland
Programmleitung Garten: Dr. Thomas Hagen
Redaktion: Sandra Hachmann
Herstellung: Ruth Bost
Layout: Uhl + Massopust GmbH, Aalen

Gedruckt auf chlorfrei gebleichtem Papier

Printed in Germany
ISBN 978-3-8354-0938-5

Hinweis

Das vorliegende Buch wurde sorgfältig erarbeitet. Dennoch erfolgen alle Angaben ohne Gewähr. Weder Autoren noch Verlag können für eventuelle Nachteile oder Schäden, die aus den im Buch vorgestellten Informationen resultieren, eine Haftung übernehmen.